跑步圣经
国家队教练教你完美跑姿

冉令军　主　编

清华大学出版社
北京

内 容 简 介

本书根据编者多年的跑步体会与教学经验，详细介绍了跑步姿势的理论知识及练习方法，为跑步爱好者制定了一套系统而科学的跑步姿势练习方法。全书共分五章，全面剖析了跑步姿势，以及对跑步姿势的自我评估和纠正训练，从理论到实践，让跑友全面认识跑步姿势，并根据自身特点找到适合自己的跑步姿势，从而达到降低运动损伤，在提高跑步经济性的同时提升运动成绩的目的。

本书图文并茂，秉承了运动理论知识与实训相结合的特点，从技术、基础理论以及练习方法三个角度帮助读者掌握跑步姿势的理论与练习方法。本书内容简单易懂、结构清晰、实用性强、训练计划严谨，适合跑步爱好者、大中专院校师生及健身培训人员阅读，同时也是健身爱好者的必备参考书。

本书封面贴有清华大学出版社防伪标签，无标签者不得销售。
版权所有，侵权必究。举报：010-62782989，beiqinquan@tup.tsinghua.edu.cn。

图书在版编目(CIP)数据

跑步圣经. 国家队教练教你完美跑姿 / 冉令军主编. —北京：清华大学出版社，2021.5
ISBN 978-7-302-56898-8

Ⅰ.①跑⋯　Ⅱ.①冉⋯　Ⅲ.①跑—健身运动—基本知识　Ⅳ.①G822

中国版本图书馆CIP数据核字（2020）第226923号

责任编辑： 张彦青　陈立静
封面设计： 李　坤
责任校对： 吴春华
责任印制： 宋　林

出版发行： 清华大学出版社
　　　　网　　址： http://www.tup.com.cn, http://www.wqbook.com
　　　　地　　址： 北京清华大学学研大厦A座　　**邮　编：** 100084
　　　　社 总 机： 010-62770175　　**邮　购：** 010-62786544
　　　　投稿与读者服务： 010-62776969, c-service@tup.tsinghua.edu.cn
　　　　质量反馈： 010-62772015, zhiliang@tup.tsinghua.edu.cn
　　　　课件下载： http://www.tup.com.cn, 010-62791865
印　装　者： 天津鑫丰华印务有限公司
经　　销： 全国新华书店
开　　本： 170mm×240mm　　**印　张：** 12.75　　**字　数：** 202千字
版　　次： 2021年5月第1版　　**印　次：** 2021年5月第1次印刷
定　　价： 58.00元

产品编号：086943-01

编 委 会

主编：冉令军

编委：

韩艺玲（冉冉运动康复　首都体育学院特聘讲师）

练金权（冉冉运动康复　前国家青年训练基地康复师）

于　淼（六日跑中国纪录保持者　北科 MBA 亚沙赛教练）

段　勇（冉冉运动康复　GSCC 跑步教练）

黄皎洁（冉冉运动康复　2019 篮球世界杯赛事保障康复师）

叶　阳（冉冉运动康复　美国 HYPERICE 肌筋膜技术培训师）

推 荐 语

跑步已成为一种时尚的健身运动方式。如果你希望学习和掌握正确的跑步技术、如果你希望减少跑步过程中的伤病、如果你希望提高跑步成绩、如果你需要合理备战马拉松、如果你希望通过跑步获得健康、如果希望在跑步中获得很多快乐、如果你想把跑步终身坚持下去，这套丛书就是你必备的跑步指南。

——王安利（中华医学会运动康复学院副院长，前北京体育大学运动医学与康复学院院长）

近年来，越来越多的人开始享受跑步的乐趣，这项运动已经成为许多人日常生活的一部分。要想成为一名理性的成功跑者，尊重科学、系统掌握跑步知识至关重要。这些技能可以让我们避免伤病、提高训练效率、提升运动水平，让我们跑得更安全、更长久、更开心。这套丛书从运动科学的角度，系统地介绍了跑步的相关知识，相信能够给您带来许多有益的帮助！

——白雪（2009年柏林世锦赛马拉松冠军）

此书非常全面地解读了跑步这项运动，从技术到营养、从训练到康复，多角度、多维度地指导跑者如何科学、高效地参与到跑步这项运动中。

——王丽萍（2000年悉尼奥运会竞走冠军，北京体育大学国家级竞走教练，王者传奇体育创始人）

我们身边已有很多人用实实在在的变化证明了跑步对身心健康的巨大好处，也有很多人经历了不知道怎么跑、担心受伤、受伤了就不敢再跑的困扰。如果想了解自己的身体，科学制订跑步计划，享受跑步的乐趣，避免受伤，那就应该读一读这套书！

——路一鸣（前央视今日说法栏目主持人，创新奇智合伙人，EMBA 戈壁挑战赛跑者）

当"锻炼战疫"成为健康生活新常态时，参与到跑步锻炼中的人越来越多，但初跑者通常缺少专业指导。而这套丛书仿佛让大家找到了身边的教练和队医，从而确保我们可以健康长久地跑下去！这套书将让大家受益终身！

——卜大巍（北京合众厚生投资管理有限公司、北京翰合资本董事长，马拉松达人）

没有伤痛，才能快乐地奔跑一辈子！

——周航（科技投资人，顺为资本投资合伙人，原易到用车创始人，跑步爱好者）

Ready
To
Run

前　言

最好的药物就是免疫力。

2020年，应该是最难忘的一年，原本红红火火的春节在新冠肺炎的影响下，突然按了暂停键，"百毒不侵""平安""健康"等词成为这个春节的问候语。

在这场没有硝烟的战争中，我们唯一期盼的就是健康。这场战争中，没有人能置身事外。

奔赴在一线的钟南山院士等专家指出，体育运动对防治新冠肺炎有着积极的作用。

掌握科学合理的运动方法，不仅可以强身健体，还可以避免损伤。我从小喜欢运动，2007年第一次参加北京马拉松。从那以后，我对跑步爱得一发不可收，连续多年参加马拉松和越野赛。每次跑完，感觉身与心达到合一的轻松。然而，2009年因为运动过多，膝盖和肩膀都出现疼痛，不得已暂停了跑步。但是，对于有运动习惯的人来说，不运动总感觉身体不舒服。那时正值学习运动康复专业课，就按照学习的知识给自己做康复训练，竟然一个多月就好了，能重新跑步、打球了。后来也养成了很好的运动习惯，运动前热身，运动后放松，再也没有出现过运动损伤。于是，我对运动康复的理解越来越深，通过简单的动作或者小方法就能解决问题，对于像我这样的运动损伤人群太实用了。

  2014年，随着全民健身热潮的来袭，很多人开始动起来了，热衷于跑步的人数呈直线上升趋势。国家体育总局田径运动管理中心的数据推算，目前我国的跑步人口（非马拉松比赛人数）已经接近3亿，规模非常大。然而，当前跑步造成的运动损伤发病率占10%~20%，并且逐年升高。随着马拉松比赛在国内的不断开展，吸引了越来越多的人参与其中，但是受到运动伤害的人也越来越多。

  跑步最高的境界，就是能够健康地跑一辈子。

  但是，我遇到非常多的跑友，即使出现了疼痛症状，依然坚持参加比赛。这一行为可能导致关节磨损加重，以后都不能跑步了。所以，出现疼痛或者不适的时候，一定要正视自己的运动习惯与方式。

  倡导科学运动，促进全民健康，知识普及非常关键。自从离开国家队，我更专注于全民健身，希望让更多的人能够享受到奥运冠军般的运动康复技术。

  跑步，需要建立科学的运动习惯，知道如何防治运动损伤。

  跑步，体能是基础，不仅可以提升跑步成绩，还能预防运动损伤。

  跑步，运动模式决定了效率和速度，而运动模式就是我们说的跑姿。

  因此，编者撰写了《跑步圣经——国家队教练教你完美跑姿》《跑步圣经——国家队队医教你无伤痛跑步》《跑步圣经——国家队教练教你跑得更快》系列图书，让更多的跑友科学、健康地动起来。

  跑步是一项最简单的全民运动项目。健康中国，就从跑步开始吧。

编 者

第一章
跑步的发动机

第一节 认识跑步的发动机—肌肉 / 3
第二节 跑步的动力源 / 6
第三节 什么是肌肉失衡 / 23
第四节 与跑步相关的其他人体系统 / 27

第二章
跑步实验室

第一节 跑步的步态周期 / 32
第二节 跑步的经济性 / 37

目　录

第三章
跑步技术动作解析（理论篇）

第一节　你真的会跑吗 / 46
第二节　世界三大跑姿哪种适合你 / 59
第三节　什么是正确的跑步姿势 / 72
第四节　你真的会跑吗——跑步的姿势与发力顺序 / 76
第五节　如何评估自己的跑步姿势 / 78

第四章
跑步技术动作解析（实践篇）

第一节　跑步运动之头部姿势 / 82
第二节　跑步运动之上背部姿势 / 88
第三节　跑步运动之肩部姿势 / 95
第四节　跑步运动之躯干姿势 / 101
第五节　跑步运动之髋部姿势 / 110
第六节　跑步运动之膝部姿势 / 119
第七节　跑步运动之足踝姿势 / 128
第八节　跑步运动之配速 / 139
第九节　跑步运动之呼吸模式 / 145

第五章
如何备战马拉松

第一节　如何备战一场半马 / 152
第二节　如何备战一场全马 / 156
第三节　跑步装备知多少 / 180
第四节　跑步如何补充营养 / 187

第一章

跑步的发动机

我们知道汽车能够跑起来，飞机能够飞起来，都是依靠发动机提供动力，不然就无法启动。我们人体就像一辆汽车，想要运动，也需要发动机，那么我们的发动机在哪里呢？

其实，我们人体的发动机就是肌肉，肌肉通过收缩舒张提供动力。我们在进行跑步前，不妨先了解下我们的发动机——肌肉。肌肉是什么？哪些肌肉和跑步最相关？哪些肌肉对保持完美的跑姿起作用呢？

第一节
认识跑步的发动机——肌肉

人体的肌肉可以分为骨骼肌、平滑肌和心肌。骨骼肌和我们的运动相关度最高,主要存在于躯干和四肢,一般附着于骨骼上。我们平时说的肌肉就是指骨骼肌。每块肌肉都是一个器官,除了肌肉组织外,还有结缔组织、血管、神经等分布。肌肉在人体中大多呈对称分布,形态和大小各异,共有600多块,运动中常用的约75对。成人的骨骼肌,男性约为体重的40%,女性约为35%,经过系统训练的人可以达到50%甚至更高。四肢肌占全身骨骼肌总重量的80%,其中下肢肌约占50%,上肢肌约占30%,这些都是参与日常活动和运动最主要的肌肉。

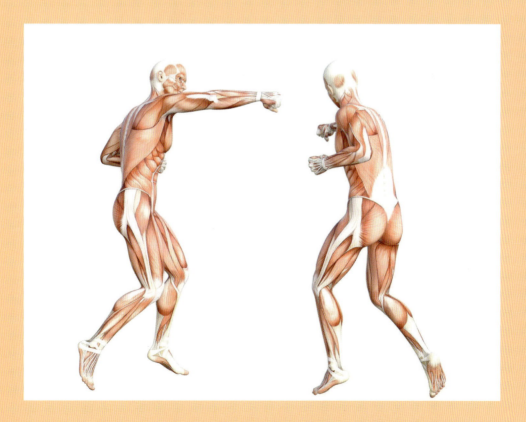

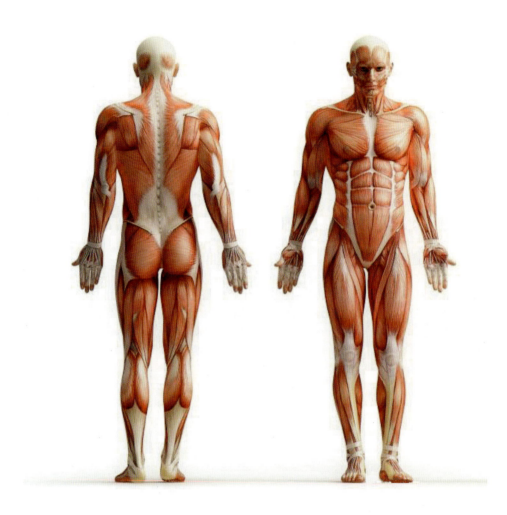

骨骼肌由中间部分的肌腹和两端的肌腱构成。骨骼肌的两端通常分别附着于两块或两块以上的骨面上。跨越一个关节的肌肉称单关节肌，跨越两个或两个以上的肌肉称为多关节肌。多关节肌比较长，能作用于多个关节，其特点表现为"力量性主动不足（肌力不足）"和"伸展性被动不足（柔韧性不足）"。

比如大腿后侧肌群是多关节肌，跨越臀部和膝盖。人体呈直立姿势时，把小腿向上提，贴近臀部，就会感到困难和力量不足，这种现象称为"力量性主动不足"；当做一个前踢腿动作时，就会感到伸展不足，不能在腿踢高时保持腿伸直，这种现象称为"伸展性被动不足"。

第一章
跑步的发动机

力量性主动不足

伸展性被动不足

任何一个动作，都是由许多肌肉在神经系统的支配下共同参与、相互协作完成的。肌肉可按在动作中所起的作用不同，分为原动肌、对抗肌（拮抗肌）和固定肌等。原动肌是我们在做某个动作时主要发力的肌肉，而对抗肌就是与做这个动作相对抗的肌肉。比如在做屈肘动作时，使肘关节屈曲的原动肌是肱二头肌和肱肌（上臂前侧的肌肉），对抗肌是肱三头肌（上臂后侧的肌肉）。当原动肌收缩时，对抗肌会自然放松，并在动作的末尾做适当的收缩，避免关节结构受损伤。而在这个动作中，必须固定肩胛骨（肩膀）才能使肱二头肌的肌力充分作用于屈肘。所以固定肩胛骨的肌群就是屈肘动作中的固定肌。

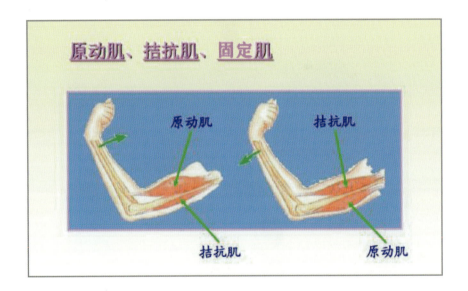

第二节
跑步的动力源

跑步的动力来源是肌肉。肌肉提供动力，带动骨骼完成相关动作。在跑步过程中，腿部的肌肉不断收缩，承受身体的重量和地面冲击力并不断前进，而上肢的不断摆动，对协调平衡整个躯干的肌肉起到稳定作用。

下面结合跑步运动，具体介绍相关的肌肉。

第一章 跑步的发动机

1 肩部运动

① 三角肌

部位：位于肩部外侧，呈三角形。

起点：起自锁骨的外侧段、肩峰和肩胛冈。

止点：止于肱骨体外侧的三角肌粗隆。

功能：使上臂外展，前部肌肉发力可使上臂屈（抬胳膊），后部肌肉发力能使上臂伸（后伸胳膊）。

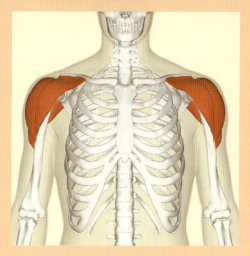

三角肌是肩部外侧的一块强而有力的肌肉，将肩膀包裹起来。三角肌前束（肩膀前面的部分），主要作用是让胳膊向前摆；三角肌后束（肩膀后面的部分），主要作用是让胳膊向后摆，是参与跑步摆臂的重要肌肉。

② 肱二头肌

部位：位于上臂前侧。

起点：肩胛骨盂上结节和肩胛骨喙突。

止点：桡骨粗隆和覆盖于屈肌总腱上的肱二头肌腱膜。

功能：使肩关节屈曲（抬胳膊），前臂屈曲（弯胳膊）。

肱二头肌是上臂最重要的一块肌肉，跨过肩部和肘部，参与肩和肘的运动。平时我们做屈肘（弯胳膊）动作时上臂膨隆起来的就是肱二头肌。在跑步时，肱二头肌起到的最主要的作用是在摆臂中维持肘关节屈肘90°。

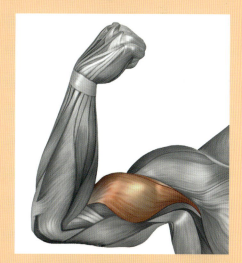

③ 肱三头肌

部位：位于上臂后侧。

起点：起端有3个头，长头以长腱起自肩胛骨盂下结节，外侧头起自肱骨后面桡神经沟的外方的骨面；内侧头起自桡神经沟以下的骨面。

止点：尺骨鹰嘴。

功能：伸肘关节（伸胳膊）。

肱三头肌同样是上臂中非常重要的肌肉，与肱二头肌形成一组拮抗肌。在跑步摆臂过程中，需要保持屈肘90°左右。这不仅需要肱二头肌发力，还需要肱三头肌发力，两者相互协调、拮抗发力，才能保持肘部弯曲。

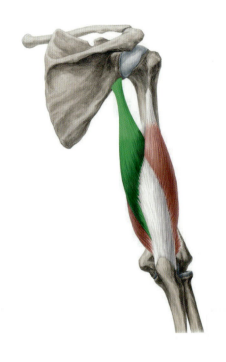

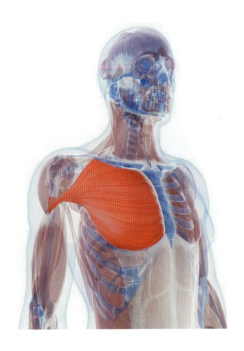

④ 胸大肌

部位：位于胸部前侧。

起点：锁骨内侧端、胸骨、第1～7肋。

止点：肱骨大结节嵴。

功能：使肩关节屈曲（抬胳膊）。

胸大肌是身体上半部非常重要的肌肉，参与肩部多个方向的运动，比如推东西、投掷东西等。跑步时胸大肌参与摆臂，可以维持肩膀保持一定的节律进行运动。

⑤ 斜方肌

部位：位于颈部及上背部，一侧为三角形，两侧相合为斜方形。

起点：上项线、枕外隆凸、项韧带、第7颈椎棘突、全部胸椎棘突及其棘上韧带。

止点：锁骨外侧1/3处、肩峰和肩胛冈。

功能：可以使肩膀上提，耸肩。

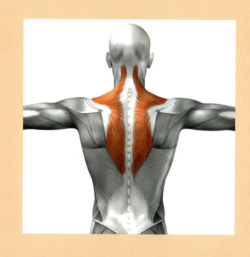

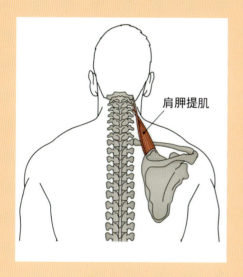

⑥ 肩胛提肌

部位：位于颈部两侧。

起点：第1~4颈椎横突后结节。

止点：肩胛骨内角和脊柱缘的上部。

功能：使肩膀上提，耸肩。

⑦ 菱形肌

部位：肩胛骨与脊柱之间。

起点：第6、7颈椎和第1~4胸椎棘突。

止点：肩胛骨内侧缘。

功能：使肩膀上提，耸肩。

在跑步过程中，需要保持肩部的稳定。然而，随着跑步距离的增加，有的跑友会出现肩膀疼，脖颈不舒服，这是因为身体长时间运动比较疲惫，当体力不支时，跑友不由自主地就会出现耸肩或者含胸等代偿动作，以节省体力。然而，这种代偿就会导致肩膀和脖颈不舒服或者疼痛，其实就是上面说到的斜方肌、肩胛提肌和菱形肌紧张所致。

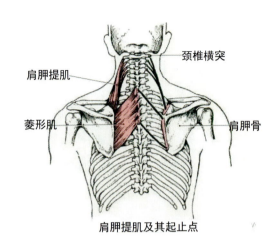

肩胛提肌及其起止点

2 躯干运动

腹肌（腹直肌、腹外斜肌、腹内斜肌、腹横肌）

① 腹直肌

部位：位于腹前臂正中线两侧的腹直肌鞘中。

起点：耻骨、髂嵴和耻骨联合。

止点：第5~7肋骨、肋软骨和胸骨剑突。

功能：脊柱前屈（弯腰）、脊柱侧屈（腰部侧弯）。

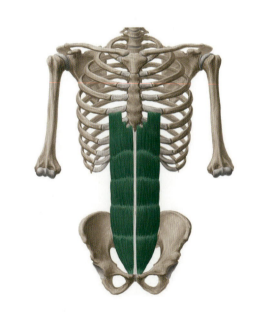

② 腹外斜肌

部位:位于腹部前外侧面浅层。

起点:第5～12肋骨外面。

止点:髂嵴前部、腹股沟韧带和腹白线。

功能:脊柱前屈(弯腰)、脊柱侧屈(腰部侧弯)、向对侧旋转脊柱(对侧转腰)。

③ 腹内斜肌

部位:位于腹部前外侧面深层,腹外斜肌深面。

起点:胸腰筋膜、髂嵴、腹股沟韧带外侧半。

止点:第10～12肋骨的内面、尺骨内侧肌线、腹白线。

功能:脊柱前屈(弯腰)、脊柱侧屈(腰部侧弯)、向同侧旋转脊柱(同侧转腰)。

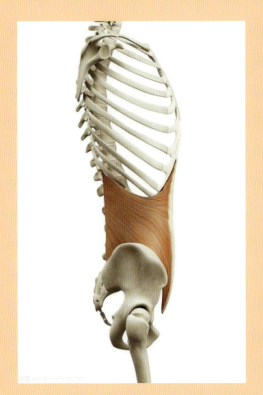

④ 腹横肌

部位：位于腹部深层，围绕腰腹一圈，像腰带一样。

起点：第7～12肋骨内面。

止点：腹白线。

功能：维持腰部稳定和辅助呼气。

腹部这几块肌肉对于维持身体直立起到了非常重要的作用，可以平衡腰背部的力量，并保持脊柱、骨盆处于中立位，维持正常姿势。在跑步中维持脊柱、骨盆的稳定，可以防止跑步时出现腰疼、膝疼等问题，同时提供更好的发力支撑。

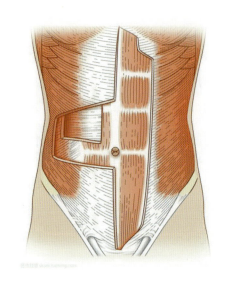

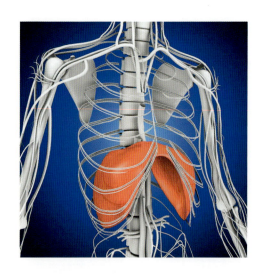

⑤ 膈肌

部位：位于胸腹腔之间，穹隆形扁薄阔肌。

起点：腰部起自第1~3腰椎椎体，第二腰椎横突及第12肋骨。肋部起自第7~12肋骨内面。胸骨部起自剑突后面。

止点：中心腱。

功能：人体主要的呼吸肌。吸气时收缩，膈穹隆顶下降，增大胸廓垂直径，使胸腔容积增大。呼气时放松，膈穹隆顶上升，使胸廓垂直径减小。

膈肌主要是用来帮助我们进行吸气的。在跑步的过程中，它不仅可以帮助我们进行呼吸交换，还能在吸气的过程中往下给予腹部一定程度的压力，帮助我们稳定腰部核心。而在呼气的过程中腹部的肌肉开始收缩，再次稳定腰部核心。在整个运动过程中，都需要保持腰部的核心稳定，方便四肢的协同以及力量的传导。

⑥ 背阔肌

部位：位于腰背部和胸部后外侧。

起点：借腱膜起于第7~12胸椎及全部腰椎棘突，骶正中嵴，髂嵴后部和第10~12肋骨外面。

止点：肱骨小结节嵴。

功能：使上臂在肩膀后伸、内收和旋内。

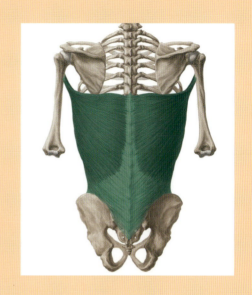

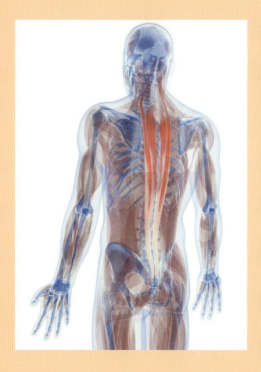

⑦ 竖脊肌

部位：纵列于脊柱两侧，是躯干背部深层长肌，由棘肌、最长肌和髂肋肌三部分组成。

起点：骶骨背面、髂嵴后部、腰椎棘突和胸腰筋膜。

止点：棘肌止于颈、胸椎的棘突，最长肌止于颈、胸椎的横突和颞骨乳突，髂肋肌止于肋骨的肋角。

功能：两侧同时发力使脊柱后伸仰头。一侧发力，使脊柱向同侧侧屈（腰侧弯）。

⑧ 腰方肌

部位：位于腹腔后侧，脊柱两旁。

起点：髂嵴后部。

止点：第12肋骨和第1~4腰椎横突。

功能：稳定腰部；一侧发力，使脊柱向同侧侧弯。

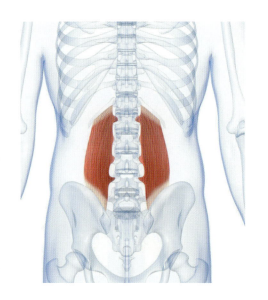

3 髋膝运动

① 臀大肌

部位：在骨盆后外侧面臀部皮下。

起点：髂嵴后部，骶骨背面，骶结节韧带。

止点：股骨臀肌粗隆和经髂胫束至胫骨外侧髁。

功能：伸展、外旋髋关节，外展髋关节（上部纤维），内收髋关节（下部纤维）。

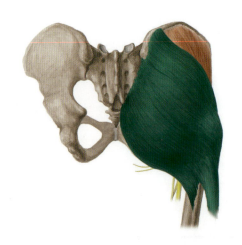

臀大肌是身体中最有力的肌肉之一，在走路或者跑步时臀大肌动态伸展髋关节，是主要的伸髋肌肉，跑和跳远类活动也是体现臀大肌力量的运动。

臀大肌是我们身体最重要的"马达"。在向前跑动的过程中，臀大肌需要时刻进行交替发力，帮助我们完成向前的推进力量。虽然臀大肌有助于我们伸髋的功能，但是在步行的过程中，我们更多的是利用腘绳肌来完成推进。只有在跑步或者登山等大幅度屈髋时，我们的臀大肌才会被高效激活。长期的久坐，会直接导致臀大肌变成骨盆下的一个软垫而已。长此以往，我们动员臀肌的能力就会变得很差，这时我们更应该去强化身体在运动中对于臀肌的控制。

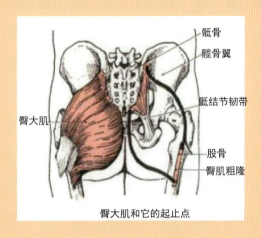

臀大肌和它的起止点

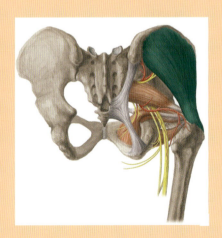

② **臀中肌**

部位：位于臀大肌深面。

起点：前、后臀线之间的髂骨外面。

止点：股骨大转子外侧面。

功能：外展髋关节，屈曲、内旋髋关节（前部纤维），伸展、外旋髋关节（后部纤维）。

臀中肌是髋关节外展的原动肌，臀中肌的形状、纤维走向和功能类似于肩关节的三角肌。同三角肌一样，臀中肌有多种功能，包括髋关节的外展、屈曲、伸展、内旋和外旋。臀中肌是一块有力而灵活的下肢肌肉。

站立时，髋关节由臀中肌、臀小肌和腰方肌的协同作用维持。这种作用有助于髋关节和下肢的其他结构的对线。这些肌肉无力会导致在站立、行走或跑步时，骨盆左右移动。单脚站立时，无法保持骨盆位于身体中心位置；行走时，维持前后向运动的失能会导致"鸭步"，左右摇晃；跑步时，臀中肌的无力也会出现骨盆的左右摇摆，引起损伤。

③ 梨状肌

部位：位于骨盆后壁。

起点：骶骨前面骶前孔外侧。

止点：股骨大转子。

功能：使大腿旋外和外展。

梨状肌是参与大腿外展和旋外的肌肉之一，当旋外的肌肉比较紧张时，走路就会出现外八字。除此之外，梨状肌还有一个非常重要的作用，就是稳定骨盆。

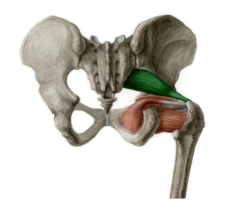

④ 髂腰肌（髂肌、腰大肌）

部位：位于腰椎两侧和骨盆内面，由腰大肌和髂肌组成。

起点：髂窝、骶骨翼，第12胸椎～第5腰椎横突、椎体及相应椎间盘外侧。

止点：股骨小转子。

功能：屈曲（提膝）、外旋髋关节。

在做走、跑和跳这类动作时，髂腰肌会屈曲髋关节（抬膝），并且维持着骨盆的稳定。但在久坐或长期驾车的人中，髂腰肌经常会短缩和紧张。因此在直立时，缩短的髂腰肌会使骨盆过度前倾，从而使腰椎屈曲角度变大，压缩腰椎，出现腰椎前凸以及腰痛。

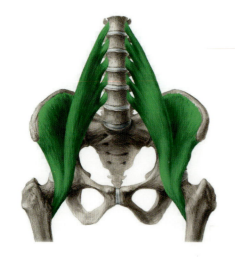

髂腰肌作为靠近我们脊柱的深层肌肉，在日常的生活中具有至关重要的作用，由于其附着在腰椎上，在运动的时候可以帮助我们稳定腰椎。髂腰肌从胸椎连接到大腿骨上，可以在运动的过程中帮助我们完成胸椎和下肢的相互协调和配合。最重要的是，跑步抬腿的动作主要就是靠髂腰肌来完成的。如果这块肌肉挛缩、紧张或者无力，就会发不出力，降低屈髋的效率，伸髋幅度不足，从而影响跑步的速度。随着我们跑步的时间越来越长，大腿会出现代偿。大腿过多发力，会变得越来越粗。

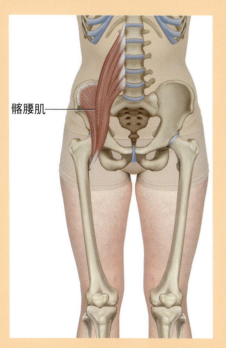

⑤ 股四头肌

部位：位于大腿前侧。

起点：髂前下棘、髋臼上缘（股直肌），股骨大转子，臀肌粗隆和近端，股骨粗线外侧唇（股外侧肌），股骨转子间线和粗线内侧缘（股内侧肌），股骨干前面近侧2/3处和粗线远端外侧缘（股中间肌）。

止点：经髌韧带至股骨粗隆。

功能：屈曲髋关节（提膝）、伸展膝关节。

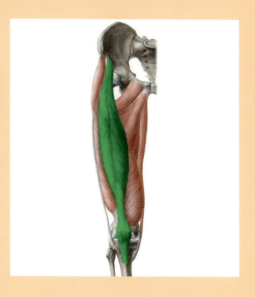

在行走和奔跑时，股直肌会使我们屈髋，同时伸膝。此时，脚与地面接触，并承受身体重量，其伸膝作用强于屈髋作用。股直肌紧张是一个普遍的问题，能导致膝关节疼痛。这种疼痛是由于髌骨关节面压入股骨沟所致，长时间压迫会磨损关节软骨，造成膝盖疼痛。股外侧肌和股内侧肌分别从内外两侧辅助伸膝，但股外侧肌往往比股内侧肌发达，这种力量不平衡可能导致髌骨不正确的运动轨迹。具体而言，髌骨在股骨沟内被拉向外侧，甚至可能被完全拉出股骨沟，造成髌骨脱位。

⑥ 腘绳肌（股二头肌、半腱肌、半膜肌）

部位：位于大腿后侧，包括股二头肌、半腱肌、半膜肌。

起点：坐骨结节和股骨粗线外侧。

止点：腓骨头、胫骨外侧髁、内侧髁。

功能：伸展、外展髋关节，屈曲膝关节（弯腿）。

腘绳肌群由股二头肌、半腱肌、半膜肌组成，这些肌肉所起的姿势稳定作用强于它的拮抗肌股四头肌，有助于配合臀大肌和腹直肌维持骨盆的稳定。

当下肢没有固定时，腘绳肌会使腿后伸。这个动作体现在行走或奔跑时向后摆腿。当股四头肌过强或腘绳肌群过度紧张时，运动减速可导致腘绳肌群损伤。

⑦ 阔筋膜张肌

部位：位于大腿前外侧，包在大腿阔筋膜鞘内。

起点：起于髂前上棘。

止点：移行于髂胫束，止于胫骨外侧髁。

功能：使大腿屈和旋内。

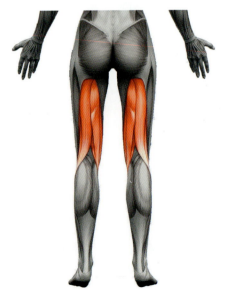

⑧ 内收肌群

部位：位于大腿内侧。

主要包括：耻骨肌、短收肌、大收肌、长收肌等，向上连接骨盆，向下与膝关节相连。

功能：大腿内收，限制站立下肢外展，控制侧向移动和增强稳定性。

内收肌群与臀中肌是一对支撑骨盆（臀部）稳定的肌肉。如果内收肌群和臀中肌无力或者肌肉失衡，会使大腿的位置发生变化，引起下肢运动受力增加，容易导致髋关节撞击、髌骨磨损、跑步膝等损伤。

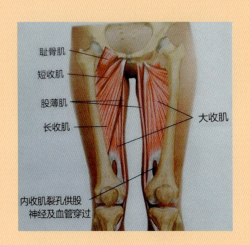

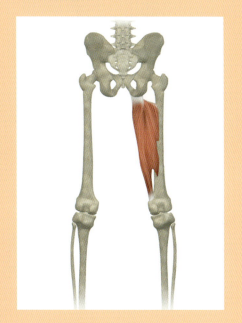

4 脚踝运动

小腿三头肌（腓肠肌、比目鱼肌）

① 腓肠肌

部位：位于小腿后侧浅层。

起点：股骨内侧髁后面（内侧头），股骨外侧髁后面（外侧头）。

止点：通过跟腱止于跟骨后面。

功能：屈膝，踝跖屈（绷脚背）。

② 比目鱼肌

部位：位于小腿后侧深层，腓肠肌的下面。

起点：胫骨后面和比目鱼肌线，腓骨后头和近端。

止点：经跟腱止于跟骨后面。

功能：踝跖屈（绷脚背）。

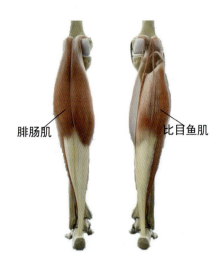

腓肠肌　　　　比目鱼肌

小腿三头肌由腓肠肌和比目鱼肌组成。腓肠肌位于小腿后面浅层，主要含有快肌纤维，易兴奋、收缩也易疲劳。这种肌纤维的分布表明腓肠肌能在提踵、短跑和跳跃时产生爆发力。比目鱼肌位于小腿后面深层，它的组成中慢肌纤维多于快肌纤维。这种纤维分布表明比目鱼肌是一块耐疲劳的维持体位的肌肉。比目鱼肌更多的是驱动诸如站立、行走和慢跑这类的运动。小腿三头肌紧张容易出现下肢发沉、无力，严重的时候还会导致小腿和脚踝疼痛。

③ 胫骨前肌

部位：位于小腿前侧。

起点：胫骨外侧髁和胫骨近侧半及小腿骨间膜。

止点：内侧楔骨跖面和第一跖骨底。

功能：踝背屈（勾脚背），足内翻。

胫骨前肌是小腿前面一块体积较大的表浅肌。其功能随足部位置的不同而异。如果是离地，胫骨前肌将脚上钩（背屈）。保持背屈位也使得在步行时足跟先着地，从而使足跟在从摆动位到站立位时保持最佳的减震体位。

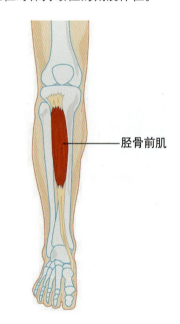

胫骨前肌

脚固定或站立时，胫骨前肌将小腿向前拉。步态站立期体现了这种功能：一旦足跟着地，胫骨前肌便持续收缩使重心由足后移向足前。胫骨前肌过度使用或软弱会产生刺激或导致筋膜炎，这是造成小腿前面疼痛的原因之一。

第一章
跑步的发动机

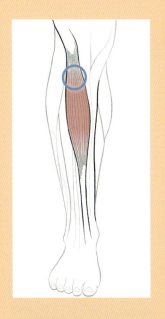

最后,胫骨前肌还有助于支撑足内侧弓。胫骨前肌腱从小腿外侧沿足背部向里绕附着于大脚趾(第一趾骨)底部。行走时胫骨前肌起着抬高足内侧弓的杠杆作用,并限制或控制足外翻。足旋前和旋后(内翻和外翻)过程中,胫骨前肌与胫骨后肌协同作用,维持足弓高度和对抗腓骨长肌。

④ 前足

 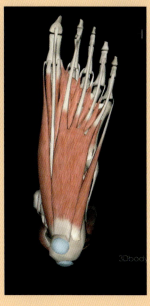

前足有非常多的小肌肉,我们一般把它们叫作足底固有肌,包括我们常说的拇短屈肌、趾短屈肌、足底方肌、蚓状肌等。它们的作用各有不同,但是有一个共同的作用,就是帮助固定足部骨骼,让我们有效地进行肢体远端的稳定。

这个固定作用在我们跑步的过程中是至关重要的。因为在跑步的运动周期中，总会出现单侧前足作为身体整个的支撑点，如果前足出现无力的情况就非常影响我们整体下肢的排列和受力。很多跑友出现的慢性损伤就是源于这个位置出现了功能失常。

在进行跑步蹬地推进的过程中，最后是由前脚掌蹬地帮助我们向前推进的。这个时候需要小腿三头肌发力带动足踝，而在前足发力的过程中，跟骨处于悬空状态，这时就靠与跟骨连接着的足底肌的发力来稳定住跟骨，让小腿三头肌的发力效率变得更高，跑步推进的力量才会变得更强。

前足肌肉功能的强大不仅仅可以帮助我们完成上述的动作，还可以帮助我们增加整个足部的稳定性和感知力，提升控制脚踝的能力，防止崴脚。另外，还可在跑步过程中帮助我们有效地完成减震等一系列动作。

第三节
什么是肌肉失衡

在讲肌肉失衡之前，我们先回忆一下这一章第一节讲到的一组名词：主动肌（原动肌）和拮抗肌（对抗肌）。

主动肌与拮抗肌在人体解剖学中是非常重要的概念。在做动作的时候，发力的肌肉就是主动肌，与之相对应的肌肉就称为拮抗肌，所以每块肌肉既可以是主动肌也可以是其他肌肉的拮抗肌。主动肌与拮抗肌一起收缩可以维持一个姿势的稳定，当主动肌收缩的时候，拮抗肌可以防止主动肌因为过度收缩而造成损伤，拮抗肌在这个过程中就类似于一个减速的装置，防止主动肌突然发力或用力过猛超出了关节的承受范围。

　　肌肉失衡包括主动肌和拮抗肌的力量和柔韧性失衡,既可能由功能性也可能是由病理性原因造成。功能性失衡的主要特征是无创伤,肌肉对复杂动作模式发生了适应性的改变,也就是说,只有在特定的情况下才能出现失衡状态,无疼痛感。病理性失衡有可能有创伤,也有可能无创伤,并不伴随功能紊乱或不正常动作表现,可能有疼痛感。

在日常训练中，肌肉失衡非常普遍，多数是功能性原因造成的。肌肉失衡容易引起以下几个问题。

①身体姿势的异常。比如长期的伏案办公，使得前侧的胸锁乳突肌与后侧斜方肌肌肉失衡导致颈部习惯性前探的形成。很多跑友跑步的时候也伴随着含胸驼背，这种姿势不仅影响我们的心肺功能，而且会引起摆臂等一系列的动作异常。

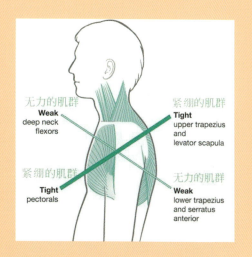

②引起拉伤或者肌肉疼痛。很多跑友存在肌肉失衡的问题。以我们的膝关节为例，膝关节虽然有韧带及关节囊包裹，如果没有肌肉对膝关节的支持和保护，还是很脆弱的，就好比我们用手握住生鸡蛋一样，如果均匀用力就不容易捏破，一旦某个手指用力过大导致力量不平衡就会使鸡蛋破裂。

许多跑友在做跑步的体能练习时，只关注股四头肌（大腿前侧肌肉），忽略了拮抗肌、腘绳肌（大腿后侧肌肉）的力量练习，导致跑步用力屈膝蹬伸的时候，因股四头肌力量过大而腘绳肌的力量和柔韧性偏弱，造成腘绳肌的拉伤。

许多跑友在下蹲或者跑步的时候容易出现膝关节内扣的现象，这是因为股四头肌内侧头力量较外侧弱。因此在髌骨外侧承受的力量较内侧大，髌骨运动时容易向外移动与股骨摩擦，这也是跑步时髌骨外侧疼痛的原因。

③动作表现出现问题。相信很多跑友在跑步的时候,可以观察到有的跑友扭着屁股跑,有的左右晃着跑,还有的跶着跑等,看着非常别扭。其实,这些都是动作表现,而且动作表现不只于此,还有更高的运动能力、更高的运动技巧等。对于我们来说,可以简单地理解为跑起来是否自然,是否好看。

我们可以多看世界顶级的马拉松运动员,他们跑起来身体协调、动作优美,看着就非常舒服。如果我们跑步的发动机——肌肉出现两侧肌肉不平衡,就不能高效地跑步,而且长期重复错误的动作会导致身体出现损伤疼痛。

第四节
与跑步相关的其他人体系统

1 呼吸系统

呼吸的方式主要有两种，胸式呼吸和腹式呼吸。胸式呼吸是较浅的呼吸运动，由肋间肌的收缩和舒张进而牵拉肋骨使得胸廓开合进行呼吸。腹式呼吸是由膈肌的收缩舒张推动腹部的起伏进行的呼吸。

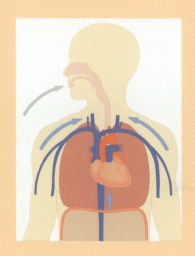

腹式呼吸是我们比较推崇的一种呼吸方式，这种呼吸方式能够增大我们的腹压，稳固我们的核心，在跑步中能起到很重要的作用。

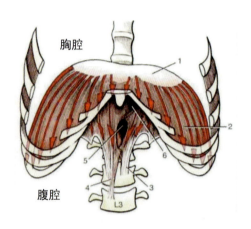

在慢跑时，最好是用鼻子呼吸。鼻子中的鼻毛和鼻黏膜分泌的黏液可以过滤和净化吸入的空气，使之温暖和湿润。如果用嘴大口呼吸的话，嘴中的唾液会很快地蒸发，出现口干舌燥的现象。另外，在冬天吸入寒冷干燥的空气容易使呼吸肌痉挛，产生"岔气"的现象，长期下去会引发气管、支气管炎。如果运动强度大时，可以采用鼻子吸气、嘴巴呼气的方式，或者嘴微微张开、舌头顶上颚等各种方式来减小通气量，让空气充分地与口腔接触，尽可能地使空气温暖湿润。如果出现岔气，不要慌，第一时间放慢脚步或停止跑步，将双手举起或叉腰，做一些胸部的伸展，同时缓慢地深呼吸以缓解呼吸肌的痉挛。

2 神经系统

神经系统由中枢神经和周围神经组成。在我们跑步的时候，神经系统将各系统协调成为一个整体，使机体各部分与外界环境保持在稳定平衡的状态。除了要控制腿交替运动以外，神经系统还要控制呼吸，加大呼吸频率以及深度，同时对不同的路面或者障碍做出反应，比如进行躲闪以及加速减速。在跑步训练中增强神经肌肉控制的能力和自身的本体感觉可以使各个系统的合作更加协调迅速，以便在应对突发情况时及时地避免受伤。

另外，跑步的时候，我们的精神状态同样也会影响运动。精神过于亢奋或者低落，都不能更好地调动机体运动。精神过于兴奋，特别容易出现在第一次

第一章
跑步的发动机

跑全程马拉松的跑者身上,有的时候,前一天晚上睡不好觉,身体会非常容易出现问题。当身体比较疲惫或者压力非常大的时候,情绪比较低落,不建议进行剧烈运动或者长时间的运动,因为此时注意力不集中,容易造成身体损伤。

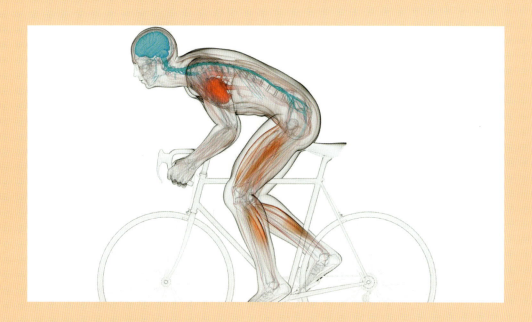

3 **血液循环系统**

血液循环系统是血液在体内流动的通道,分为心血管系统和淋巴系统两部分。我们一般所说的循环系统是指心血管系统,是一个封闭的运输系统,负责血液在体内的流动。

血液在人体的含量占体重的6%~8%,主要分布在心脏和血管,保持血液的流动。还有一部分血液储存在脾脏、肝脏、皮肤、肺等器官,很少参与流动。其中,参与流动的血叫循环血,不流动或者流动极慢的血叫储存血。当我们进行剧烈运动时,就需要能量供给,这时候储存血就会释放出来变成流动血。当剧烈运动停下来的时候,一部分流动血就会回到相应的脏器,变成储存血。因此,保持血液的动态平衡,对于维持健康是至关重要的。

血液是氧气、营养、激素以及其他物质的载体,各物质需要通过血液的运输才能到达相应的器官。因此,血液的重要意义就是保证机体新陈代谢的进行,为我们日常活动和运动提供能量,同时排出代谢废物。

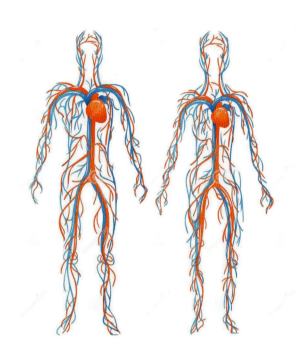

血液循环示意图

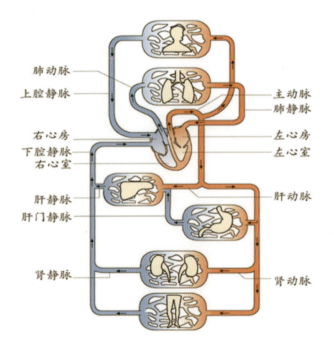

对于跑步而言,如果我们出现了损伤需要修复,就需要血液循环系统畅通;我们想要跑的时间更长、强度更高,就需要血液循环系统非常发达,能够运输更多的能源物质。

第二章
跑步实验室

Ready To Run

第一节
跑步的步态周期

跑步是最简单的运动,人类从学会直立行走的300万年前就开始使用下肢进行行走和奔跑,人类的身体结构也因为支撑方式的改变而不断地进化。人类在行走和奔跑时频繁转换单腿支撑,脊柱和骨盆负责稳定头和躯干,髋、膝、踝联动产生运动。换句话说,人类进化的方向就是为了能更稳定地直立行走和更快速、持久地奔跑。第一章对于跑步过程中相关的肌肉做了介绍,下面将对跑步过程中各个步态周期中肌肉的工作原理进行详细的阐述。

步态

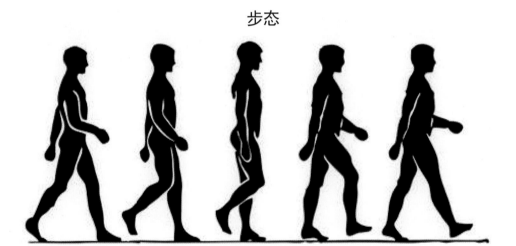

行走的步态分析

在讨论跑步的步态周期之前,有必要探讨一下行走的步态,因为我们每个人都是先蹒跚学步,然后才开始学踉跄地跑。走路与跑步最大的区别在于走路是双脚的交替离地,行走过程中至少是有一只脚踩在地面上,或是两只脚同时承担身体的重量。我们的脚和地面实时接触,我们身体的支撑系统对于地面的反作用力是连续不间断的,这时地面给予整个身体的冲击是缓和的;而跑步的过程中,我们会有双脚腾空的状态,随后单脚落地,此时,身体承受地面的冲击力会急剧上升,冲击力峰值可以达到体重的2~3倍甚至更大。

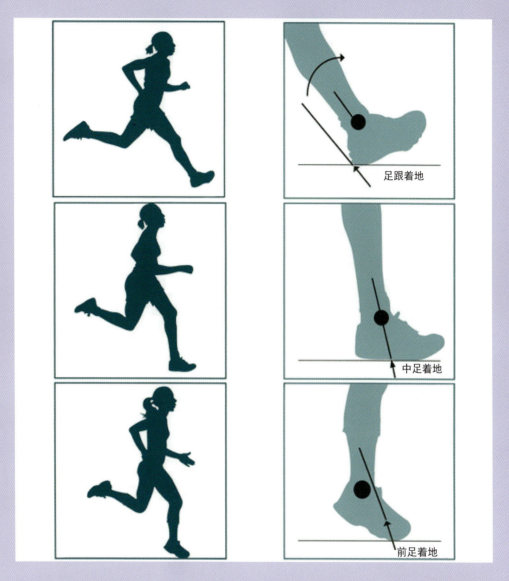

足跟着地

中足着地

前足着地

除了落地方式的不同，从肌肉的募集和发力顺序来看，行走和跑步并没有太大的区别。所以，在探讨跑步的步态周期之前，我们先介绍行走的步态周期。如果行走的步态出现问题，跑步的步态也会大概率地出现问题，而且问题会被放大。这样做的目的在于当跑者出现疼痛或者不适时，不应该简单地去纠正跑步的姿势，而更应该先评估走路的步态。改善行走的步态，再去进行跑步时姿势的纠正，才能起到事半功倍的效果。

下面我们来看行走（步行）的基本参数。

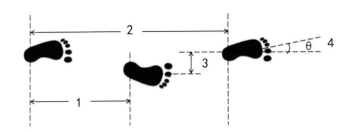

- 步长（1）：行走过程中前脚足跟到后脚足跟的距离。一般步长为50~80厘米。

- 步幅（2）：行走过程中由一侧足跟着地到该侧足跟再次着地的距离，正常的话等于步长的两倍。

- 步宽（3）：行走过程中左右两脚之间的横向距离。通常以足跟中点为参照点，一般为4~12厘米。

- 足偏角（4）：行走过程中前进的方向与足的长轴的夹角。正常约为6.75°。

- 步频：行走过程中每分钟迈出的步数。健全人的步频为95~125步/分钟。

- 步速：行走过程中单位时间内通过的距离。健全人的步速为1.2~1.5米/秒。

- 步行周期(Gait Cycle)：行走过程中一侧足跟着地到该侧足跟再次着地的过程。一般成人的步行周期为1~1.32秒，分为两个阶段。

支撑阶段(Stance Phase)：为足底与地面接触的阶段，可以细分为：足跟着地、全足底着地、支撑相中期、足跟离地、足趾离地。

摆动阶段(Swing Phase)：指支撑腿离开地面摆动的阶段，可以细分为摆动初期（又称加速期）、摆动中期、摆动末期（又称减速期）。

以右侧为支撑侧进行步态周期的分析，如下图所示。

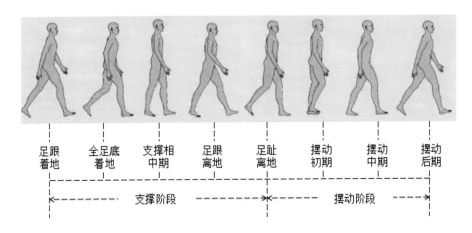

在步行中，以右侧下肢着地为例分析发力的肌肉（主动肌）。

足跟着地到全足底着地：臀大肌，腘绳肌。

全足底着地到支撑相中期：臀大肌，腘绳肌。

支撑相中期到足跟离地：臀大肌，腘绳肌，小腿三头肌。

足跟离地到足趾离地：小腿三头肌。

足趾离地到摆动初期：髂腰肌，股四头肌。

摆动初期到摆动中期：髂腰肌，股四头肌。

摆动中期到摆动后期：髂腰肌，股四头肌。

从步态分析的结果可以看出，在支撑阶段，右腿与地面接触之后主要做了后伸的动作，臀大肌主要负责收缩发力，到极限位置后随着重心的前移，臀大肌不再发力，转而由身体前侧的髂腰肌和股四头肌主要收缩发力，右腿发生前屈的动作。

跑步的步态分析

跑步可以看作行走的进阶，跑步与走路本质的区别就是没有双脚支撑的过程。跑步过程屈髋、屈膝幅度更大，肌肉的参与程度更高，膝盖需要承受的冲击力也就更大，这也是为什么跑步爱好者大部分的伤病都出现在膝盖周围的原因。从运动力学来说，足踝和髋关节负责灵活性，膝盖作为身体重量的主要支撑关节，负责稳定。一旦足踝关节或者髋关节的灵活性不足，膝关节就不得不进行灵活性的补偿，负责膝关节稳定的肌肉就会代偿发力，从而引起肌肉的过度使用；反过来说，膝盖原本是负责稳定的结构，如果由于各种原因使这种稳定结构变得不再稳定时，维持稳定的功能将会由髋关节和足踝关节补偿，那么足踝和髋关节原本的灵活性属性就被限制。这样就会导致跑步的姿势变形，足踝和髋关节僵硬，附着的肌肉的弹性和延展性变差，黏滞性变高，从而使肌肉的兴奋度和做工效率变差，甚至出现挛缩和张力失衡，引发足踝和髋关节的不适和疼痛。

跑步是行走的进阶，所以行走中出现的步态问题会在跑步过程中被放大，行走过程中不出现疼痛，在跑步过程中却可能会出现。跑步出现疼痛的问题建议先评估行走的姿态，将行走的步态问题调整好后，再调整跑步的姿态。

肌肉力量也是决定跑步姿态的核心要素之一。强有力的肌肉可以保证跑者在跑步过程中获得足够的能量，同时，肌肉可以维持骨骼和关节在运动过程中保持在正确的位置，在运动过程中，有效地吸收地面的反作用力而保护骨骼关节不受冲击。

类似于行走的步态周期，跑步的周期同样也可以分为支撑阶段和摆动阶段，支撑阶段细分为缓冲（Initial Contact）、支撑（Mid-stance）和蹬伸（Take Off）；摆动阶段又可细分为后摆（Initial Swing）、折叠（Mid-swing）、前摆下落（Terminal Swing）。跑步与走路的最主要的区别在于跑步有腾空时间（Flight Time）而走路没有。

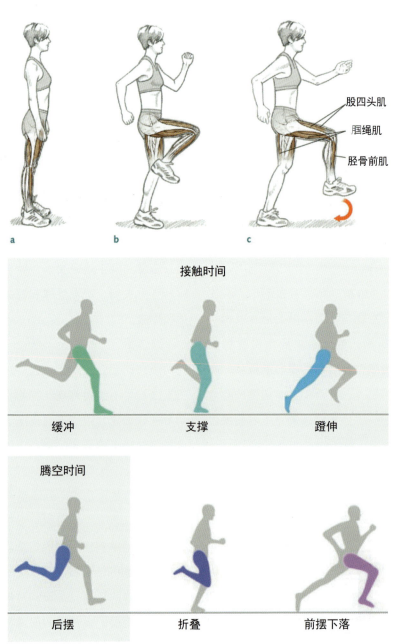

从分析主动收缩的肌肉（主动肌）来看：

缓冲到支撑：臀大肌，臀中肌，腘绳肌，胫骨前肌。

支撑到蹬伸：臀大肌，臀中肌，腘绳肌，小腿三头肌。

蹬伸到后摆：腘绳肌，臀中肌，小腿三头肌。

后摆到折叠：髂腰肌，股四头肌，腘绳肌，臀中肌。

折叠到前摆下落：髂腰肌，股四头肌。

通过分析可以看出，跑步和行走都分为支撑阶段和摆动阶段，而且主要的发力肌肉基本相同。不同的是，跑步过程中肌肉发力更多，而且跑步过程中臀中肌参与更多，保证骨盆的稳定；同时，小腿三头肌在落地缓冲的过程中，通过离心收缩的控制，起到了地面给予身体反作用力的缓冲和传导。若落地时小腿三头肌的离心控制力比较弱，则下肢缓冲不够充分，地面的作用力将会更多地传导到脚踝和膝盖，增加受伤的风险。

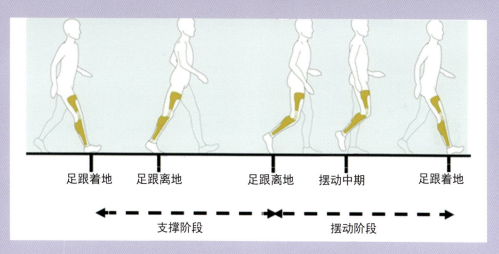

同样的道理，落地缓冲到支撑的过程，如果膝关节是伸直的状态，则股四头肌就无法进行离心收缩控制，此时来自地面的反作用力不会被肌肉吸收而直接作用在膝关节，那么来自地面的2~3倍体重的冲击力就直接作用在脚踝、膝盖以及臀部，而引发关节的疼痛。

第二节
跑步的经济性

1 什么是跑步的经济性

跑步的经济性是指在某一特定速度下，每公斤身体重量或者单位质量体重向前移动1米所消耗的能量。单位质量体重移动1米消耗的能量越小，说明跑步经济性越好，总做功最小、弹性势能最大化产生最佳的跑步经济性。

可以从下面指标来评估跑步的经济性。

振幅/步幅比：也称垂直振幅比，它是成本效益比的概念，成本是垂直振幅，效益是移动步幅。此参数越低，代表技术越好。

技术指标
评估跑步的技巧性与经济性

垂直振幅 → 垂直振幅比
步幅
触地时间 → 左右平衡

触地时间平衡：通过双足的触地时间对比，用来评估触地动作的一致性；平衡性越差，触地时间不同，受力也就不同，发生运动伤害的风险越高。

级别	潜力级	优秀级	精英级	国家级
垂直振幅比	8.0%~9.0%	7.0%~7.9%	6.0%~6.9%	<6.0%

级别	危险级	正常级	优秀级
触地时间平衡	52%/48%	51%/49%	50%/50%

跑步经济性不仅与跑步效率和跑步表现有关，更关乎跑者的健康。在跑步时，为了获得更多向前的力量，我们的身体会微微前倾，此时重力会引导我们产生向前和向下的力量，我们的腿进行蹬伸加大向前的力同时产生向上的力对抗重力。向上的力越大，我们的身体就会承受越大的地面的反作用力。在跑步的过程中，我们的膝盖本就已经承受了2~3倍的体重，如果加上错误的跑步姿态，那么膝盖的负荷就会进一步增加，从而增加产生伤病的概率。

垂直振幅是指身体在垂直方向发生的位移，这个值越小，说明身体对抗身体重心起伏的力越小。但是，不同的身高会对这个指标产生影响，身高较高的人获得向前的力和向上的力会比较大。向前的力可以用步幅来体现，而向上的力可以用垂直振幅来体现。所以为了更科学地体现跑步经济性，则使用垂直振幅和步幅的比值。这个值越小，说明跑者更多的是在做向前的运动，消耗了更少的力去对抗重力。

跑步过程中身体的左右摆动。身体的左右不均衡，不但会影响跑步前进的动力，而且会造成身体能量的浪费。除此之外，还会使膝盖受到极大的伤害。从膝关节的结构来看，我们的膝关节前面有髌骨和髌韧带，侧面有内侧和外侧副韧带，关节囊里有前交叉韧带和后交叉韧带，腘窝位置还有腘肌稳定膝关节。所以从结构上来说，膝关节是不稳定的关节，其主要功能是屈膝，由髌骨进行力量的上下传导，但在日常生活和运动中需要做身体的转动或者变化方向，增加了膝关节的受力。

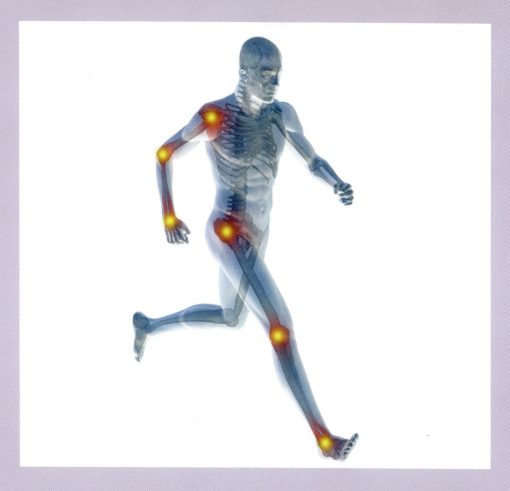

身体发生左右的摇摆，膝盖势必会受到两侧的挤压，膝关节囊中的半月板会承受来自侧面的剪切力，侧副韧带也会受到拉扯。久而久之，半月板可能发生磨损而产生疼痛，侧副韧带可能会松弛，从而导致膝关节失去原有的稳定性。

所以跑步过程中要尽量避免左右的晃动，这就涉及左右脚的触地时间的平衡，通过一些外接设备或者智能跑步手表来记录左右脚交替落地的时间，分析出左右平衡的数据，来指导跑者减少左右的晃动，使双脚落地的时间趋近于平衡。

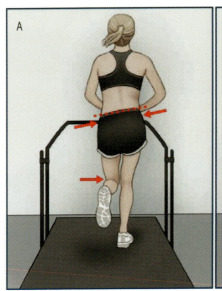
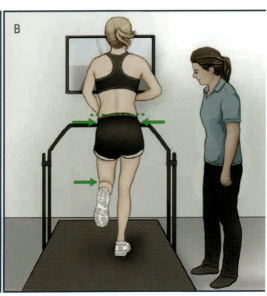

A　错误姿势　　　　B　正确姿势

当左右平衡差距超过4%，即52%/48%，跑者落地时间长的一侧承受更多的体重和地面的冲击，更容易产生损伤和疼痛。如果这种不平衡一直存在，则要分析跑者偏于一侧的原因，是之前伤病发生的代偿行为，还是肌肉的不平衡所导致的。如果跑者是在一次跑步过程中发生了左右不均衡的变化，则很可能是跑者在跑步过程中产生了单侧的疼痛而刻意将力量偏向另一侧。

所以可以看出，跑步经济性与跑步伤病存在着密切的联系。提高了跑步经济性，也会在很大程度上降低跑步伤病的发生。

2　如何提高跑步经济性

1）减小步幅，提高步频

对于跑步小白来说，步幅与步频是

矛盾体。步幅过大，步频就相对比较慢；步频快了，往往步幅就会减小。在大步幅和快步频的取舍中，应该更倾向于缩小步幅而增加步频。因为慢步频往往意味着跨大步，跨大步意味着更大的身体重心起伏。跑步是水平运动，而非垂直运动，把过多的能量消耗在克服重力上做功，而不是水平做功，是能量的浪耗，身体垂直做功越多，说明触地时间越长，下肢受力就越大。身体水平做功越少，身体向前的动力越小，跑步的速度自然会降低。

2）强化核心力量

几乎所有运动项目都离不开强大的核心力量。核心肌群对运动中的身体姿势和专项动作起着稳定和支持作用。几乎所有的运动都是由多关节和多肌肉共同完成的。在募集肌肉的过程中，核心肌群作为四肢和躯干的重要连接点，担负着稳定重心、传导力量等作用，同时也是整体发力的主要环节，对上下肢体的协同工作及整合用力起着承上启下的枢纽作用。无论是腿部强有力的蹬地摆腿，还是上肢稳定的摆臂，都需要以核心肌群作为上下肢发力的支撑点。因此，核心力量强的人跑步时，虽然上肢摆臂和下肢摆腿的动作频率很高，但却始终能保持躯干的稳定。核心力量不足的人跑步时，身体晃动，屁股摇摆，上半身和下半身会脱节，而且消耗掉无意义的做功，浪费能量，大大降低了跑步效率。

3）增强肌肉力量

肌肉是跑步的发动机，是跑步的基础。肌肉力量除了让我们跑步产生前进的动力，也是稳定和支撑我们身体运动的前提。

灵活的髋关节可以让下肢完成前后左右以及旋转的动作，而臀部及腿部的肌肉就必须足够强壮才能保证髋关节在承担上半身的全部重量的同时完成复杂的动作。在运动过程中发生跨步、跳跃等动作时，下肢承担的重量是体重的3~8倍甚至更高。一旦肌肉力量不足，压力将更多地分散到人体骨骼和关节上。这样一来，一是导致错误的跑步姿势，二是提高关节疼痛的风险，降低跑步的经济性。

第二章
跑步实验室

上面提到的肌肉力量，更多的是指肌肉的基础力量，即肌肉收缩产生的能力。有研究发现，肌肉的爆发力，也会改善跑步的经济性。这是因为爆发力训练，可以调动神经系统，让肌肉募集更多的肌纤维，提高单位时间内肌肉做功效率。

第三章
跑步技术动作解析
（理论篇）

第一节
你真的会跑吗

首先问大家一个问题,您是如何看待运动,或者您认为运动是什么?

每个人的理解都不一样,不过有一点大家都认可,就是运动需要肌肉发力。肌肉发力或者用力时,我们身体应该是什么样子的?是紧绷的,僵硬的,还是放松的?

我们看到,百米飞人博尔特跑在赛道的时候,全身的肌肉线条非常明显,肌肉都在收缩发力,其实他是处于一种放松的状态,让全身的肌肉协调参与运动。

第三章
跑步技术动作解析（理论篇）

其实，运动就是一种放松的状态，你感受不到身体任何部位的收缩。当你能感受到肌肉的时候，一定是该部位的肌肉紧张了。回想一下，我们刚学习一个不熟悉的动作，是不是身体都是僵硬紧张的，当你学会之后，变成自然而然的时候，身体的紧张感是不是就没有了。

跑步是一种本能，也是自然而然的动作。这点可以从观察孩子跑步中发现。孩子是最会跑步的，因为他们是在最放松最自然的状态下跑步。

跑步既然是一种本能的运动，是不是就非常简单了，就是腿的来回摆动？其实不然，跑步是一项非常复杂的运动，涉及全身关节的参与。在我们成长的过程中，因疲劳、外伤、风寒、压力等因素，导致我们的身体出现僵硬，感知能力下降，很难像孩子一样非常放松。这时候我们需要重新学习跑步，学会如何用力,才能让我们跑起来更放松。

在跑步时,下肢通过臀部肌肉、大腿肌肉、小腿肌肉的交替协调收缩,起到支撑、传递力量和缓冲的作用,不断重复蹬腿、摆腿动作;上肢通过摆臂主要发挥维持平衡及动力辅助的作用;而核心(躯干)在跑步时保持收紧稳定状态,目的是为下肢蹬地摆腿和上肢摆臂提供有力支撑,这是整个动力链的源头。

跑步如何发力,关键在于跑步的动作模式。动作模式是指运动的发力顺序。跑步的动作模式与跑步姿势有直接的关系。目前比较流行的跑步姿势有太极跑、姿势跑和进化跑。不同跑步姿势有不同的要求,不过都是为了让我们跑得更轻更快,避免运动损伤。不同的人,适合其跑步的姿势也是不一样的。让自己跑起来最自然最轻松的姿势就是适合自己的。

另外,我们从运动的动力来源出发了解跑步。肌肉是我们跑步的动力,是决定跑步速度的核心。那么,跑步应该如何发力,才能让我们快速地奔跑呢?

第三章
跑步技术动作解析（理论篇）

我们先看看以下几种现象。

①有跑友说，自从跑步后，小腿跑粗了；

②有跑友说，老外的臀部很发达；

③有跑友说，膝盖经常疼；

④有跑友说，跑步的时候肩膀疼。

上述不同的问题，其根源都是跑步的时候如何用力。

有人说大腿用力多，才能抬起腿，迈起步；有人说小腿用力多，蹬地推动身体向前；还有人说臀部用力多，臀部是跑步的发动机。

我们从跑步的动作分析来看看，到底应该如何发力。

跑步向前运动，需要解决两个问题：一个是抬腿迈步，一个是蹬地向前。抬腿迈步主要的发力肌肉是腹部深层的髂腰肌和大腿前侧的股四头肌，可以让髋关节和大腿屈曲，也就是让腿抬起来，并送髋向前迈步。蹬地最主要的是臀部肌肉产生动力，其次是小腿肌肉的发力，产生扒地的动作，提供稳定的支撑点。在这个过程中，需要身体的协调运动，就必须有上肢的参与——摆臂

49

运动。另外，在跑步过程中，有单脚支撑的过程，也有腾空的过程，必须保证身体的稳定性，以及上肢和下肢的协同与发力的传递保持一致，从而需要腰部核心的稳定，为跑步运动的发力创造更好的力学传导条件。

根据我们跑步的姿势，拆分开每个动作，具体看一下每个动作是如何运动的。

1 抬腿迈步

跑步是双腿交替向前迈出的机械重复动作，只有抬腿才能让腿向前迈出，如果没有抬腿动作，我们就无法向前挪步，这跟走路是一个道理。只不过走路抬腿幅度小，跑步抬腿幅度大；速度慢，抬腿幅度小，速度快，抬腿幅度大。

让我们来仔细看看下面这幅图。

跑步时，一条腿蹬地结束，就进入

向前摆动阶段,也就是大腿向前摆,大腿前摆的动力是来自髋部的力量。如果髋部的力量不够,就会出现前摆无力,腿向前迈不出去的情况,最终会影响到步幅。特别是在速度比较快的情况下,如果髋部肌肉无力,送髋抬腿动作就会受到很大影响。

人体所有的平面移动都是通过双腿交替来完成的。这里面涉及一个腿部协调问题。为了让双腿保持平行,付出辛劳的是我们的胯骨。胯骨一直在左右旋转,和各自那一侧的股骨共进退。这个旋转过程就叫扭胯,一边站定另一边往前扭的动作叫送胯。

侧视图

- 挺胸肩后要放松
- 手臂贴近躯干摆动 前臂与上臂成90°夹角
- 膝盖略微弯曲
- 脚踝紧绷 腿部其余部位放松
- 用核心肌力使脚离地
- 头直立,眼直视前方
- 臂前后摆动,不要左右晃动
- 腰挺直
- 脚掌中部蹬地(不要用脚跟或脚趾着力)
- 步幅小,步频快(1分钟180次)落地时注意重心平稳

跑者可以自己这样体会:单腿站立,另一只腿的小腿勾着。双腿不要做动作,然后小幅度转动半边身子(悬着的那一边),也就是后倾—前倾—后倾这一过程。与这个过程相伴随的,站立腿的髋关节会相应地旋转。

2 蹬地向前

臀肌的主要作用是让大腿后摆，即蹬腿。如果说，跑步时一侧腿抬腿是让身体产生向前的趋势，那么另一条腿的蹬腿动作则通过作用于地面，让地面反作用力赋予身体向前的动力。臀肌虽然不是人体最大的一块肌肉，却是人体最厚的一块肌肉。所谓翘臀，其实就代表臀肌发达。

所以，对于跑者来说，翘臀不仅好看，更是好用。当然，臀肌除了蹬地发力外，还具有减轻膝关节负担，提高跑步时下肢稳定性、保持骨盆稳定等重要作用。

3 扒地支撑

人是借助脚与地面接触的，小腿肌肉则发挥控制脚的作用，无论是蹬地最后阶段的扒地动作，还是减少着地时不正常的脚踝过度偏转，小腿肌肉都发挥至关重要的作用。

借助小腿肌肉力量，我们可以在大腿和臀部肌肉已经充分发力的情况下，再产生一股推动人体向前的力量，使得跑步效益最大化。所以，专业马拉松运动员的小腿和脚踝肌肉都特别有力。

落地时支撑脚位于身体的正下方。如果小腿位于身体的前方，落地的时候地面会顺着小腿方向给身体一个斜向后的力，这样是会减速的！所以在现实中，这种姿势是在下坡减速或者冲刺结束后刹车用的。另外，不能采取这种姿势的重要理由是保护膝盖。这样前戳小腿会让股骨和胫骨毫无缓冲地相撞，对膝盖造成巨大的冲击力。长期下去，肯定会膝盖疼。

跑步的着力点在前脚掌、中足或者全脚掌，跑步的发力点在前脚掌或脚尖。从着力到发力的时间很短，触地的时间越短越好。触地时要有弹性、放松。发力方向自然向前。髋部发力，推动身体前移，同时带动大腿、小腿充分屈曲向前。

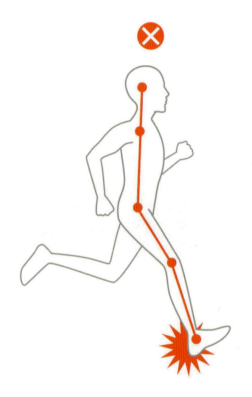
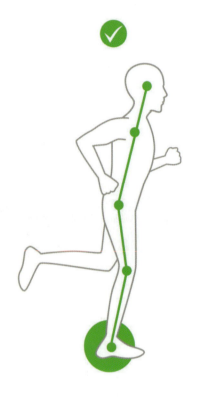

4 滚动向前

跑步可以理解为下肢以髋关节为轴心完成类似圆周运动，如果大小腿折叠，相当于减少了转动半径，从而减少了下肢重力带来的转动惯量，增加了转动速度，腿前摆更快，当然速度也就越快！如果是拖着小腿前摆，这时转动惯量大，阻力大，不仅摆腿速度慢，也更加费力。因此，小腿提拉折叠非常重要。

当然，需要注意的是在慢速跑步时，刻意地折叠提拉只会让你疲惫不堪，得不偿失。事实上，小腿提拉折叠既是大腿后群肌肉主动发力的结果，也是扒地蹬伸时惯性力作用的结果。也就是说，还有一部分力量来自扒地时地面

第三章
跑步技术动作解析(理论篇)

的反作用力使得小腿上弹,速度越快,小腿反弹越明显,折叠自然就越充分,这样的效果在快速跑步中体现得尤其充分。

所以不能僵化理解小腿折叠提拉,而是随着速度改变而改变,慢速时折叠没有必要很充分,快速时折叠往往自然出现,只不过优秀运动员技术好,力量强,同样较快速度下,他们小腿折叠比大众选手更充分罢了。

5 着地缓冲

跑步用腿跑,是许多跑友对跑步的认识,这里所谓的用腿跑,其实就是指大腿前侧肌肉。的确,蹬地动作除向后摆腿外,还有就是让腿伸直。所谓蹬伸,既包括了臀肌发力蹬腿,也包括了大腿前侧肌肉伸直膝盖的动作,所以大腿前侧肌肉对于跑步很重要。除此以外,大腿前侧肌肉还有一个重要作用就是在着地时通过积极屈膝下压,发挥缓冲作用。缓冲能力不足,其实就是大腿前侧肌肉力量不足,就容易导致硬着地。这里说的肌肉力量不足主要是指肌肉离心收缩力量不足,就像是汽车的刹车装置,是非常重要,但往往会被忽略的。

有些女生不懂得大腿怎么发力,她们跑步时小腿用力,动起来一顿一顿的,像是要在地面踏出个坑。虽说跑步是本能,但也需要刺激才会出现。由于很多人都是从小碎步慢跑开始的,小腿运动可以满足最初的需求,所以他们就在错误的道路上一去不回。归根到底,是他们从小缺乏运动,还没有解锁蹬这个技能。

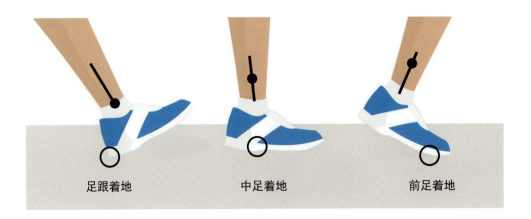

足跟着地　　中足着地　　前足着地

6 协调平衡

跑步是一项自然的运动,需要人体的头、肩膀、脊柱、下肢等部位协调配合,同时协调身体的耐力、爆发力、速度、柔韧、灵敏等素质。协调能力是跑步运动的重要基础。良好的协调平衡能力能让身体完成动作更高效、流畅和精准,是一种运动能力的综合表现。

有的跑友跑步的时候看着非常别

扭，身体僵硬，这是身体协调能力的缺失。在跑步的时候，必须全身放松，自然协调，才能最经济地完成动作。

7 呼吸配合

跑步中呼吸是非常重要的一环，我们所需要的能量，都是需要氧气进入体内通过一系列反应转换为能量，供给肌肉。

谈到呼吸，重点是呼吸的方式和呼吸的节奏。

呼吸尽量是鼻吸口呼。随着强度的增大导致不得不用嘴呼吸的时候，建议尽量不要把嘴巴张大，而是嘴微张开，进行辅助吸气。

每个人呼吸的节奏都不太一样，有的三步一呼、三步一吸，有的两步一呼、两步一吸等，不管如何呼吸，一定要注意两点：一是保持呼吸的节奏不能乱，呼吸节奏乱了，体能很快会下降，跑速自然降低；二是呼吸的时候保持腹部核心收紧，稳定身体。吸气的时候横膈膜和其他呼吸肌会同时收缩，稳定腰腹部，在呼气的时候就会降低。比较理想的状态是吸气的时候，身体最稳定脚落地，呼气的时候身体腾空。

跑步圣经　国家队教练教你完美跑姿

8　跑步是全身协调发力的过程

通过以上分析，我们可以清楚地看到，上述每个动作、每块肌肉对于跑步来说都是重要的，都不可或缺，但跑步是靠所有肌肉协同工作才能实现的，每一块肌肉都不可能单独工作，这就是人体运动复杂的奥秘所在。所以，跑步运动看起来简单，但实际上并不简单，它需要人体很多肌肉协调工作，同时需要多项身体素质参与，才能让跑步更舒畅更自然。

跑步靠哪里发力？要靠髋部、臀部、大腿前侧、大腿后侧、小腿、核心，还有上肢，全身很多肌肉都会参与其中，正如本文第一句话，跑步是一项以下肢为主、全身参与的运动。跑步该用哪里发力，这样的命题很容易让人以偏概全，顾此失彼。如果你在跑步时，还想着用哪里发力，你要么是一名初跑者，正在学习和体验跑姿，要么就是刻意而为，这样反而导致身体的过度紧张，因为一切刻意而为的动作无疑都是僵硬和不自然的，这会让你费力不讨好。其实，跑步靠的是全身协调发力。

对于大众跑者来说，只有通过多跑步，反复体会，才可能训练好全身协

第三章
跑步技术动作解析（理论篇）

调发力能力，进而逐步建立比较合理正确的跑姿，当跑步最终变成一个下意识的动作，而不是想着这里发力，那里用力，这样才有可能让跑步变得流畅、轻盈而自然。

第二节
世界三大跑姿哪种适合你

在世界范围内，比较流行的跑步姿势有三大流派，分别是尼可拉斯·罗曼诺夫博士开发的"姿势跑法"（Pose method of running），丹尼·德雷尔将"太极"的精粹融汇到跑步当中创立的"太极跑法"（Chi running）和强调无伤跑的肯·米克教练的"进化跑法"（Evolution running）。

下面分别介绍这三大跑法。

1 姿势跑法

首先来介绍姿势跑法，是目前跑圈里最流行的关于跑姿的理论和实践课程，罗曼诺夫博士将跑步周期提出三个必经姿势，分别是：关键跑姿、落下和拉起，而其他的姿势或者不重要，或者是多余的，需要去除。

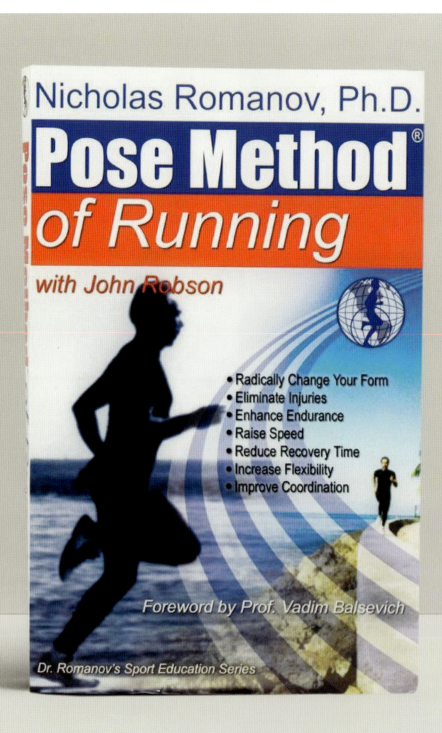

第三章
跑步技术动作解析（理论篇）

姿势跑法的技术要领如下。

①要通过自由落下将臀部（身体重心）前移到身体支撑点（脚踝）上方。

②身体呈关键跑姿时，保持肩部、髋关节和踝关节处在姿势跑法的平衡位置上。

③要始终保持膝关节的弯曲，不要完全伸直。

④要将体重集中在支撑脚踝部。

⑤双腿转换支撑的过程要迅速。

⑥在上拉时，要将脚踝直接从地面拉到臀部下方。

⑦支撑时间要尽可能短。

⑧要利用重力作用（而不是肌肉的力量），不要用脚推蹬、抬膝或用大腿的股四头肌来驱动身体向前。

⑨不要用脚跟着地，在支撑过程中脚跟与地面之间也只是轻轻接触，不要将体重落于脚跟。

⑩落下动作起始于：支撑脚的脚跟开始离开地面时。

⑪落下动作结束于：摆动脚通过支撑腿的膝盖时。

⑫不要试图通过加大下肢动作幅度来加快跑步速度。

⑬不应将注意力集中在落地动作上，应该关注上拉动作。

⑭落下的过程中，腿部的肌肉应该完全不发力，让它自由落下。

⑮脚踝始终要处于自然放松的状态。

⑯摆臂的目的是为腿部动作提供平衡。

-
-
-

关键跑姿　落下　拉起

第三章
跑步技术动作解析（理论篇）

2 太极跑法

1997年，跑龄超过25年的丹尼在美国遇到了一位太极大师，并被他敏捷且毫不费力地移动身体的方式所吸引，于是丹尼便开始将太极应用到跑步中而创立了太极跑法。

太极跑源于太极"少便是多"的理论，认为以肌肉力量为基础的跑法会带来不平衡的运动模式，从而容易导致受伤。而太极跑则强调放松肌肉，打开紧张的关节，以重力驱动身体的方式代替容易造成伤病的肌肉驱动身体的运动。

第三章
跑步技术动作解析（理论篇）

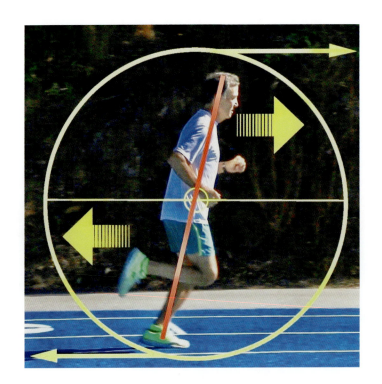

太极跑的主要内容如下。

① 6组跑姿动作：姿态，前倾，下半身，骨盆扭转，上半身，步频、步幅与挡位。

② 放松：在跑步中尽量少使用肌肉而更多地运用"气"进行跑步，从而减少肌肉的消耗。

③ 韧带与肌腱的使用：利用髋部与肩膀之间产生的相对旋转使躯干轻柔地扭转。这种扭转动作会拉松肩膀、躯干及髋部中的韧带和肌腱，利用韧带和肌腱的伸展与收缩使双臂和双腿运动，而不是因肌肉的收缩产生运动。

④ 核心肌肉的使用：核心力量会帮助跑者在前倾的时候保持住身体平衡；核心力量增强了，就可以在不必太努力的情况下跑得更快、更远。

⑤专注的意念：训练大脑使之不论是在跑步、站立、坐着还是行走的时候都能感知，回应并且指挥身体的活动。

⑥良好的呼吸技术：掌握腹式呼吸和鼻式呼吸，从而获得更好的携氧能力。

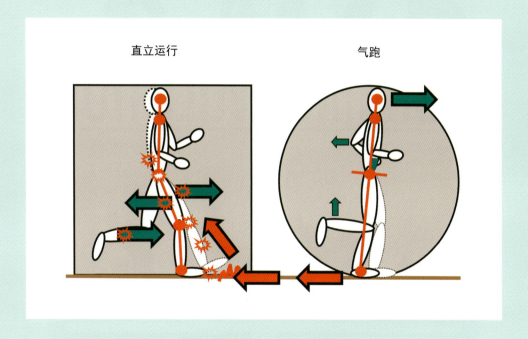

③ 进化跑法

进化跑法是一个教跑者高效和无伤的跑步技术。其主要强调以下内容。

①消耗更少的能量。

②使用身体进行自然的缓震。

③优化分配跑步负荷的能力，避免肌肉群的疲劳。

④减少垂直振幅。

⑤避免刹车效应。

⑥利用回弹力实现"自由速度"。

上面我们介绍了三大跑法，下面谈谈它们之间有什么共同与不同之处，方便大家找到适合自己的跑步姿势。

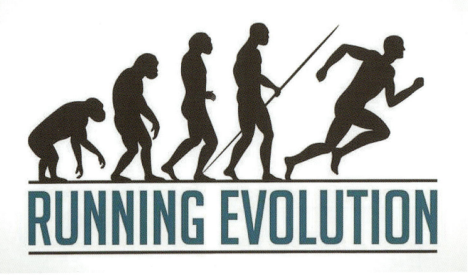

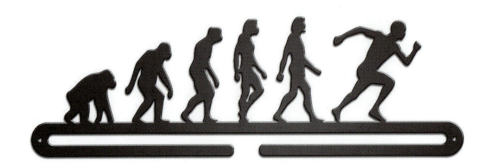

4 三种跑姿相同的地方

1) 身体重心转移

三种跑法都强调利用身体的重心转移来驱动身体前移，这与传统理论是不同的。当你自然正直站立时，耳朵、肩膀、髋关节及踝关节是一条直线，使这条直线以踝关节为支点向前倾斜，利用失衡向前运动，速度的大小与倾斜角度成正比。在前倾过程中体现了核心力量的重要性，核心力量差，就很难长时间维持身体正直及髋关节的稳定。

2）步频步幅问题

三种跑法都反对主动跨步增大步幅，强调支撑脚落地位置在重心正下方甚至靠后一点，都提倡高步频、减少触地时间，而步幅大小取决于小腿摆的高度。但步频、步幅的提高是要循序渐进的，而且每个人的步频、步幅是有上限的，超越上限意味着动用更多的肌肉主动力，这是导致伤病的一个重要原因。

3）脚掌着地方式

三种跑法都否定了脚跟先着地的方法，脚跟着地的方式无法利用足弓和小腿肌肉来缓冲地面的反作用力，这样不但降低了跑步经济性，而且容易造成脚踝、膝盖、胫骨或者臀部的伤病。

（我们并不太同意以上三种跑法对脚跟着地的看法，具体见本书第四章第七节"跑步运动之足踝姿势"）

4）重视有氧能力的提升

有氧能力决定着脂肪转化的比率和跑步的经济性，当脂肪转化率提升，则能量消耗就是缓慢的，跑者可以跑得更久，从而提高跑步的经济性和减少跑步的伤病。

5 三种跑姿不同的地方

①太极跑强调顺势提脚跟，小腿自然后摆，不要刻意使用大腿后侧肌群主动收小腿，而姿势跑法提倡大腿后侧肌群主动上拉脚踝，尽量让脚跟靠近臀部，进化跑法则更强调利用身体的弹性进行缓冲，从而减少身体的垂直振幅。

②姿势跑法更关注正确和合理的跑姿，太极跑法更关注身体的控制能力，而进化跑法则更关注缓冲和减少冲击力。

第三章
跑步技术动作解析（理论篇）

总体来说，三种跑姿更多的是相似的结论，比如稳定的核心，正确的呼吸模式，充分的有氧代谢能力，这些都是跑步的基础，如何养成和训练跑步姿势则是各有特点和侧重点，跑者可以根据自己的需求和偏好进行选择。

对于跑步姿势，本书更多的是从人体的结构和动作技能层面分析跑步姿势，因为万变不离其宗，根本在于人体。只要是符合人体的结构和功能，运动就能达到锻炼身体的效果。

第三节
什么是正确的跑步姿势

正如鲁迅先生讲过的："其实地上本没有路，走的人多了，也便成了路。"其实并不存在正确的跑步姿势，因为研究跑步姿势的根本目的无非就是提高跑步经济性和避免伤病，所以与其说徒劳地寻找正确的跑姿，不如研究怎样的跑姿是合理的跑姿。

第三章
跑步技术动作解析（理论篇）

合理的跑姿应该具备以下几个特征。

上肢：保持头与肩的稳定，头正对前方，不要前探，两眼注视前方；屈肘约90°，双手自然半握拳，肩膀放松，不要耸肩。

躯干：脊柱挺直，肩膀向后，从脚踝至躯干整个身体略微前倾，但不能为了身体前倾而弯腰驼背。

下肢：着地点靠近臀部下方，即重心投影点，同时着地轻盈。

首先，上肢和躯干保持良好姿态最重要的意义在于保护我们的头部，头部保持在中立位的时候，维持头部稳定的肌肉比如斜方肌上束、胸锁乳突肌、斜角肌、肩胛提肌、枕后肌群等能够协调做功，保证跑步过程中不会因为姿态不好而导致某些肌肉过度发力引起不适和疼痛。

身体前倾是为了利用重心的前移从而获得前进的动力，这是利用天然的重力而产生的向前的推动力，而跑步过程中的蹬地力，是前进动力的叠加，二力合一，则跑者就能提高运动表现和更好的跑步经济性。

需要注意的是，这种主动的前倾是整个身体的前倾，是从头部一直延伸到足部，躯干保持正直的状态，这样前倾力才能和蹬地力叠加，而不是通过躯干的弯曲（弯腰）获得，躯干弯曲不但不能获得前进动力，反而会因为上半身的弯曲而导致腰椎的负荷增加，久而久之会引起腰痛甚至腰椎的损伤，非但没有获得运动表现的提升，却增加运动损伤的风险。所以对于初跑者，不建议主动地进行躯干的前倾，而是保持身体的正直，同时也要进行专项的跑步力量/协调性训练，从而逐渐地获得身体前倾的能力。

最后，跑步爱好者经常会纠结"着地方式"的问题，是前脚掌（forefoot striking）着地，还是全脚掌（mid-foot striking）或者是脚跟（heel striking）着地，为什么着地方式会如此重要呢？

跑步时，脚跟着地瞬间，由于缺乏足踝缓冲，人体，特别是脚踝上方的膝关节瞬间受到一个较大的冲击力，也即出现第一个峰值，待膝关节开始弯曲参与缓冲后，地面反作用力相对较缓慢地上升至第二个峰值。前脚掌着地时，由于足踝小腿及时参与缓冲，因此平缓地上升到最大值，只有一个峰值。从膝关节受冲击的程度来说，显然应该避免后脚跟的着地。

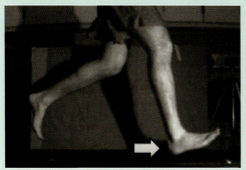

脚跟着地　　　　　　　　　　　前脚掌着地

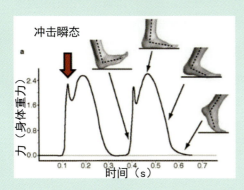
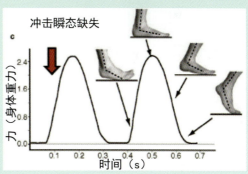

但是从另一个层面来说，前脚掌落地跑法对小腿的力量要求很高，虽然可以减少对膝盖的冲击力，但是这个冲击力会转移给小腿和脚踝，所以容易造成足跟疼、跟腱炎、小腿酸痛、足底筋膜炎等伤病。而脚后跟落地对膝盖的冲击力会大一些，所以造成膝盖伤病的概率更大一些，但是对小腿、脚后跟的压力就要小一些，因此这两个部位产生的伤病就会少一些。

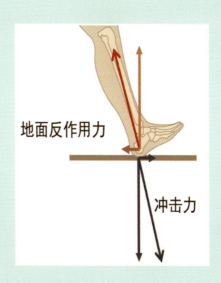

不管是脚后跟着地跑法还是前脚掌着地跑法，最重要的是在落地后迅速滚动到全脚掌着地，这样才能最有效地缓冲地面反作用力。所以脚着地的部位并不重要，重要的是脚的着地位置，如果脚的着地位置过于靠前，远离身体，膝关节伸直，产生刹车效应的同时，膝关节受到地面的反作用力，很容易造成半月板的损伤。

总结下来，合理的跑姿有以下几个好处。

（1）提高跑步效率。

跑步是向前的运动，利用重心前移和蹬地的力量使身体获得前进的动力，同时以最小的力量对抗重力，使身体稳定；同时，减少身体左右的晃动，使身体协调。

（2）降低受伤概率。

利用肌肉的离心控制使落地过程轻盈，避免对骨骼和关节的急剧冲击，募集和调动合适的肌肉参与运动过程，避免肌肉过力使用而引发的肌肉疲劳和拉伤。

（3）提升精神状态。

跑步是全身的运动，对于长期久坐的人群来说，跑步可以调动全身的肌肉参与，这有助于在平时提升精神状态和良好的姿态，但是不良的跑步姿势甚至有可能会加剧姿态的变形，可见良好的跑姿对于维持和改善精神状态的重要性。相反，如果没有良好的跑步姿势，将带来跑步经济性的降低甚至会招来伤病缠身。

第四节
你真的会跑吗——
跑步的姿势与发力顺序

跑步的经济性直接决定运动表现，而跑步的生物力学又是跑步经济性的直接决定因素，这些因素可以是内部的或者外部的。决定跑步经济性的内部因素主要有跑步动力学（研究运动与肌肉发力的关系，比如蹬伸的动作是臀肌、腘绳肌、小腿三头肌协同发力产生的动作）、跑步运动学（研究身体的运动方式，比如线速度、加速度、位移等）、时空因素（触地时间、步幅、步频等）、神经肌肉（神经和肌肉，如肌肉的激活和协同激活）；外部因素则与鞋和地面的相互作用有关，重点关注鞋、鞋垫和跑步平面。

根据美国医学图书馆对于跑步经济性的研究，一个经过训练的跑者的最优步频会比自然步频快3%，或者是步幅比自然步幅减小3%。而3%的步幅减少并不会降低跑步经济性，而步幅提升超过6%时将会显著影响跑步经济性。因此，训练有素的跑者可以在保证跑步经济性不变的情况下，将步幅减少3%。重要的是，当这些跑者在疲劳状态下，步频无法达到正常步频的情况时，也可以以正常的步幅来弥补步频的降低而不会影响跑步的经济性。

类似于步幅和步频，垂直振幅的变化也会影响跑步经济性，垂直振幅增加，则耗氧量会增加，而且很小的垂直振幅增加就会导致耗氧量的大幅上升，这其中也会有其他因素的影响。关于触地时间，有两种相悖的说法，各有其道理，一是较短的触地时间会募集更多的快肌纤维而消耗更多的能量，不利于跑步经济性的提高；另外一种说法是较长的触地时间会消耗更多的能量，因为与地面接触时间的延长会增加跑者的刹车效应，从而降低经济性。为了提高跑步经济性，减少刹车效应，建议跑者能够使用前脚掌着地的跑法替代后脚跟着地的跑法，当然，这对于小腿三头肌的肌力要求也会提高。

第五节
如何评估自己的跑步姿势

学习正确的跑步姿势绝对不是要对高水平跑步运动员的跑步姿势进行模仿，甚至可以说，世界上没有两个人的跑姿是完全一样的，只有适合自己的才是最好的跑步姿势。

评估跑姿，最好的方式是使用录像机或者手机录制一段跑步视频，最好是背面和侧面都进行录制，然后根据录制的视频进行以下几个方面的分析。

一是听

- 听落地的声音，好的跑姿应该是轻盈的，而且两只脚落地的声音是均匀的和一致的；

- 听呼吸的声音，好的跑姿，跑者呼吸是顺畅而且有节奏的，不会过度急促。

第三章
跑步技术动作解析(理论篇)

二是看

- 从后面看身体的左右摆动，好的跑姿不会发生大幅度躯体的左右摆动，摆动包括躯干的扭转，骨盆的侧倾和扭转；

- 从侧面看身体的振幅，通过观察头或者肩的起伏变化而判断是否有过多的身体的垂直移动，好的跑姿会更多地向前运动而不是向上运动；

- 看脚的着地点是否与身体的重点保持在一条垂线上，好的跑姿的落地点靠近身体，而过大的向前迈步则会产生刹车效应；

- 从侧面看，好的跑姿的身体是微微前倾的，这是为了更好地利用重力来获得前进的动力。

三是数

- 计算步频，好的跑姿的步频在170~190之间，过慢的步频会耗费更多的能量。

第四章 跑步技术动作解析
（实践篇）

《哈佛大学报》统计的数据表明，每天跑步者的受伤比例高达80%~85%，最常见的是跑步过程中重复动作和关节肌肉承受压力导致的，严重时还会导致多种疾病。大部分跑步的人都缺乏跑步知识。诚然跑步是一项人人都可以立刻做的运动，且没有做好运动前的热身，运动后的拉伸放松，尤其是跑步姿势不正确、不注意，运动损伤将不可避免，跑步成绩也会受到影响。

对于运动前的热身和运动后的拉伸放松，本章节不做介绍，详细介绍可以参考《跑步圣经——国家队教练教你如何跑得更快》相关章节。本章节重点介绍跑步运动中怎么自我评估运动姿势，并且如何纠正错误的运动姿势，促进良好跑步习惯的养成。

第一节
跑步运动之头部姿势

头，是人体的制高点，相当于人体的司令部。为什么它这么重要呢？因为人体所有的运动都需要神经系统来调控，而头就是我们神经中枢的所在地。

根据生理学的研究，头部姿势的改变会引起姿势体态上的改变。

①当头部后仰时，会引起胳膊后侧的肌肉、大腿部前侧的肌肉、背部肌肉的紧张程度加强。因此，头部后仰→胳膊和腿自然伸直，背部挺直。

第四章
跑步技术动作解析（实践篇）

②当头部前倾时，会引起大腿部前侧的肌肉、背部的肌肉紧张程度减弱（大腿后方的肌肉和腹部的肌肉紧张程度相对加强）。因此，头部前倾→胳膊弯曲，腿部弯曲。

③当头部倾斜或扭转时，引起同侧上下肢紧张程度加强，另一侧上下肢紧张程度减弱。因此，身体两侧用力不均衡。

举个现实中的例子，如果把一只侧卧位的猫的头部扭到向上的位置，它的全身就会发生扭转，变换一个和头部位置相协调的位置。

因此，头部的位置在日常生活或者运动过程中，有着很重要的地位。一旦头部的位置发生变化，身体姿势平衡被打破，就会引起身体相关肌肉状态的调整，以维持身体平衡或恢复正常姿势。决定头部姿势最重要的器官是眼睛，眼睛是我们获取外界信息的非常重要的器官，所谓牵一发而动全身。跑步时，我们的眼睛正常是平视前方40~50米的地面，或者看着前方跑友的上背部的位置。如果还是找不到视线目标，就保持下巴微收，眼睛平视前方。

跑步的过程中，头部的姿势是关键环节，决定了我们全身肌肉的状态。

正确姿势：跑步的时候，头部保持在中立位置，处于两肩的正上方。

错误姿势：常见的头部错误姿势有两种，一种是低头或探头，另一种是歪脖子。

1 低头或者探头

自我评估：跑步的时候，从身体的侧面拍摄5秒的慢动作视频，观看视频，耳垂的位置是否超出肩膀的位置，如果明显超出向前，且视线不位于正前方而是往下看，就是低头。

不良影响：当我们低头的时候，很容易含胸驼背，一是导致胸廓空间变小，影响呼吸。举最简单的例子：站着或者坐着，含胸的时候仔细体会自己的呼吸，比较表浅。当把胸部打开，再体会自己的呼吸，呼吸变得比较深了。跑步，尤其是马拉松，是一种有氧运动，需要大量的氧气供应，才能转换供能。二是含胸驼背会导致肩部的位置前移，使肩和上肢的运动轨迹发生变化，很容易导致肘向外摆，造成额外能量的消耗。三是如果不抬头挺胸，反射性引起身体处于屈曲的状态，加快身体向前倾，缩短了跑步腾空的时间，导致过早落地，减小了步幅。

2 歪脖子

自我评估：跑步的时候，从身体的正面拍摄5秒的慢动作视频，观看视频，下巴中心的位置是否向身体的一侧倾斜，如果是，就属于歪脖子。

不良影响：跑步的时候，头部向一侧倾斜会引起身体两侧肌肉紧张程度发生改变，也就是身体两侧不均衡。然而跑步是一项对称性运动，需要身体两侧协调、均衡、周期性地用力，不然会导致身体一侧或局部的关节受力过大，产生不适或者疼痛。

3 纠正训练

（1）收下巴。

作用：减少头前引。

动作要领：坐位，身体躯干保持在中立位置，下巴微微收拢，感受颈部后方肌肉的拉扯。

动作呼吸：自然呼吸。

动作感觉：感觉颈部后侧有轻度拉伸。

常见错误：颈椎后伸代偿。

关键点：控制颅骨在颈椎上的运动。

（每次训练10个，进行2组，组间休息30秒）

动作名称	数量（个/次）	组数（组）	组间歇（秒）	动作间歇（秒）
收下巴	10	2	30	30~45
颈后祈祷式	2	2	30	30~50
侧拉弹力带深蹲	10	2	60	50
瑜伽球静态保持	3	2	30	30
视线追物训练	8	2	30	10

（2）颈后祈祷式。

作用：减少头前引。

动作要领：坐位，身体躯干保持在中立位置，双手合十后，让手的后掌跟顶在后脑勺的下方，下巴微收，向后做一个相互的静力性对抗。

动作呼吸：自然呼吸。

动作感觉：感觉颈部后侧有轻度收缩。

常见错误：手指应该与水平线夹角成30度，超过或者小于30度都是错误。

关键点：控制颈椎后侧肌肉收缩。

（每次训练10个，进行2组，组间休息30秒）

（3）侧拉弹力带深蹲。

作用：训练运动时头部稳定性。

动作要领：头部侧向拉一条弹力带，保持头部稳定，进行深蹲训练，该训练的深蹲可以换成走路、跑步、抬手抬腿等训练。

动作呼吸：自然呼吸。

动作感觉：感觉在进行深蹲等动作中头颈侧方的肌肉收缩。

常见错误：该动作是静态保持，出现头颈过大幅度，运动都是错误的。

关键点：控制颈椎肌肉等长收缩。

（每次训练10个，进行2组，组间休息60秒）

(4) 瑜伽球静态保持。

作用：训练头部稳定性。

动作要领：立位，在后脑勺和墙之间放置一个瑜伽球，头部发力挤压瑜伽球，同时保持不让瑜伽球掉落，旁边可有人从不同方向给球施加一定的推力，增加训练的难度。这个动作训练颈部肌群的稳定力和肌肉耐力。

动作呼吸：自然呼吸。

动作感觉：感觉在动作中头颈后方的肌肉收缩。

常见错误：该动作中躯干、肩部要保持稳定，失去稳定都是常见错误。

关键点：控制颈椎肌肉等长收缩。

（每次训练3个，进行2组，组间休息30秒）

(5) 视线追物训练。

作用：训练头部稳定性。

动作要领：端坐位，头部起始保持中立位，目视前方，微收下巴。以手指尖或者一支笔为视觉追踪目标，发出口令"视线看着我的手指尖"，同时快速移动手指，从不同方向不同距离试探，反应较慢的那个方向多加训练。这个动作训练神经肌肉的协同作用，也是我们常说的"手—眼—心"协同合作。

动作呼吸：自然呼吸。

动作感觉：感觉在视线和头部的协同控制。

常见错误：该动作中颈部、躯干、肩部要保持稳定，失去稳定都是常见错误。

关键点：控制视线的追踪。

（每次训练8个，进行2组，组间休息10秒）

总之，在跑步过程中，保持头部中立的位置，有助于更好地完成跑步的周期性动作。另外，头部是身体的司令部，纠正跑姿，一定先调整头部的姿势，才能达到事半功倍的效果。

第二节
跑步运动之上背部姿势

如果你观察跑步的人群，可以大概分为两类：一类是昂首挺胸的姿势跑步，一类含胸弓背像虾米的姿势跑步。前者跑步的姿势让人看起来很舒服，他们跑得也很轻松，但后者则是看着都会觉得累。

为什么姿势不同会带来如此大的区别，让我们来看一下上背部的跑步姿势。

上背部错误的姿势会引发不良后果。在头部姿势中讲过的圆肩驼背导致胸廓空间变小，影响呼吸。同时它也会影响我们的双臂摆动，减少摆臂会使我们的前进动力变小。最重要的是圆肩驼背会让上背部肌肉被拉长而无力，从而影响人体核心发力，长此以往还会引发颈肩或腰部酸痛。

姿态不良

弯腰驼背，核心丧失

正确体位

昂首挺胸，核心稳定

第四章
跑步技术动作解析（实践篇）

跑步过程中，上背部是腰部力量与上肢摆臂的中间的力量传导环节，影响我们上肢摆臂对跑步的推动力和身体的协调性。

错误姿势　　　　　　　　　　　　　正确姿势

错误姿势：常见的错误姿势有驼背、含胸、头前伸。

正确姿势：跑步的时候，头部保持在中立位置，上背部竖直，胸廓打开。

1 自我评估

跑步的时候，从身体的侧面拍摄5秒的慢动作视频，观看视频，是否有驼背、头前伸的现象。从身体的前面拍摄5秒的慢动作视频，观看视频，是否有圆肩、耸肩的现象。

自我测评后发现的确有圆肩驼背的，想要改善该怎么办呢？别急，先来看看下面这张图，搞清楚出现圆肩驼背的原因，发现问题才能针对性解决。当我们出现圆肩驼背时，我们上半身肌群存在这样的肌力不平衡：颈部肌群和斜方肌中、下部薄弱，而胸大肌和斜方肌上部紧张。

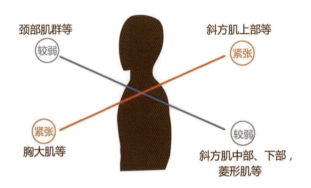

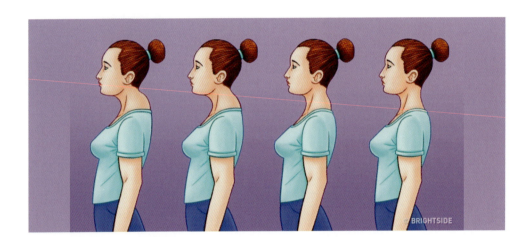

2 纠正训练

动作名称	数量（个/次）	组数（组）	组间歇（秒）	动作间歇（秒）
胸大小肌拉伸	3	2	30	30
斜方肌上束拉伸	3	2	30	30
收下巴	10	2	30	30~45
俯身W、Y练习	15~20	2	30	30
俯身T、L练习	15~20	2	30	30
背靠墙W下拉	10~15	2	30	30

第四章
跑步技术动作解析（实践篇）

1）胸大小肌拉伸

站立位，找一个90°夹角的墙角，双肩打开，屈肩屈肘90°抵靠墙，利用身体重心前移，使胸大肌产生牵拉感。胸小肌的拉伸则是把屈肩角度改到120°左右做上述动作。（每次训练3个，进行2组，组间休息30秒）

胸大肌拉伸

胸小肌拉伸

2）斜方肌上束拉伸

以拉伸右侧斜方肌上部为例，坐位，左手从头顶绕到右侧摸到右侧耳朵，头尽力向左侧肩膀靠近，左手给予辅助的力使头向左侧屈，配合呼吸，呼气时左手发力，吸气时保持。（每次训练3个，进行2组，组间休息30秒）

3）收下巴

作用：减少头前引。

动作要领：坐位，身体躯干保持在中立位置，下巴微微收拢，双手抓住弹力带向前拉住，头颈水平向后发力，感受颈部后侧的紧张感。

动作呼吸：自然呼吸。

动作感觉：感觉颈部后侧有轻度拉伸。

常见错误：颈椎后伸代偿。

关键点：控制颅骨在颈椎上的运动。

（每次训练10个，进行2组，组间休息30秒）

4）俯身W、Y、T、L练习

作用：增强肩带稳定性。

动作要领：站立位或者俯卧位，W、L练习，双臂打开肩外展60°或者90°，屈肘90°，手握拳，拇指朝上。肩胛骨后缩带动整个手臂往后抬离地面。T、L字练习则是俯卧位，双臂打开肩外展90°或者150°，肘伸直，手握拳，拇指朝上。肩胛骨后缩带动整个手臂往后抬离地面。

动作呼吸：发力呼气。

动作感觉：感觉肩胛骨后部的肌肉收缩。

常见错误：胸椎过度伸展，肋骨外翻。

关键点：控制肩胛骨在胸廓上的运动。

（每次训练15~20个，进行2组，组间休息30秒）

（a）

（b）

（c）

（d）

5）背靠墙W下拉

作用：增强肩带稳定性。

动作要领：站立位，背靠墙，注意整个后背尽量去贴墙，尤其是腰臀部。肩外展，屈肩屈肘90°，整个手臂尽量贴墙。以肩关节为支点，整个手臂沿着墙面做上下的滑动运动，过程中尽量保持紧贴墙面，做不到的小伙伴也不要着急，尽量去贴就好。

（a）

（b）

动作呼吸：发力呼气。

动作感觉：感觉肩胛骨后部的肌肉收缩。

常见错误：胸椎过度伸展，肋骨外翻。

关键点：控制肩胛骨在胸廓上的运动。

（每次训练15~20个，进行2组，组间休息30秒）

第三节
跑步运动之肩部姿势

摆臂可以让身体获得良好的平衡,且均匀有节奏地摆臂可以提升步频和步幅,增加助力,提高跑步成绩。

另外,跑步的时候,必须把肩膀打开。如果含着肩,也就是含胸驼背状态下跑步,不仅影响呼吸,降低心肺工作的空间,单位时间内提供的氧气也会减少。同时含着肩也会导致肩膀不在正常的关节位置,影响肩部的摆动、发力。

正确姿势：

① 摆臂时肘部屈曲90°，或者在90°~110°都是可以的；

② 摆臂时以肩为轴心（中心），前后摆动，肩膀保持放松，切忌耸肩；

③ 前摆时肘部过腰部侧面，大臂略向内旋转，手不能内收超过身体中线；

④ 后摆时手部过腰部侧面，肘不能左右摆，需在腰部侧面前后摆动；

⑤ 手保持放松，呈半握拳状态，感觉手里握着鸡蛋；

⑥ 如果是加速跑或者冲刺的时候，前后摆臂（肩部运动）幅度增加，手掌打开。

下面列举一些常见跑步运动中的错误摆臂姿势。

1 自我评估

A.向外摆：跑步的时候，从身体的后面拍摄5秒的慢动作视频，观看视频，肘部是不是明显偏离躯干，尤其是后摆时肘部运动轨迹向外。

B.横着摆：跑步的时候，从身体的后面拍摄5秒的慢动作视频，观看视频，肘部运动轨迹是不是偏左右摆动，前后摆动不明显。

C.摆前臂：跑步的时候，从身体的侧面拍摄5秒的慢动作视频，观看视频，肩部是否前后摆动不明显，而前臂摆动或者屈伸明显。

D.晃肩膀：跑步的时候，从身体的后面拍摄5秒的慢动作视频，观看视频，肩膀是不是左右晃动，或者前后晃动。晃肩膀的原因不在于肩，而是躯干的问题，我们在躯干的部分再详细讲解。

2 不良影响

A.错误动作模式

不论是上述哪种摆臂方式，都是在重复错误的动作，从外观上看跑步姿势不舒展、大方，影响外在形象，从生物力学角度看是在不断地增加结构应力，导致不舒适或者疼痛。

B.颈肩疼痛

错误的摆臂姿势给颈肩部带来多余的压力，造成颈肩紧张，容易产生疼痛。

C.额外能量消耗

跑步非常讲究经济性。跑步时摆臂的主要作用是协调上下肢的发力，增加身体向前推动的动能。错误的摆臂，反而会增加身体能量的消耗，浪费体力，影响跑步速度。

③ 纠正训练

动作名称	数量（个/次）	组数（组）	组间歇（秒）	动作间歇（秒）
胸大小肌拉伸	3	2	30	30
弹力带绕肩训练	20	2	30	30
分腿站立摆臂	3	3~5	30	30
坐姿摆臂	3	3~5	30	30
坐姿摆臂进阶版	3	3~5	30	30

1）胸大小肌拉伸

站立位，找一个90°夹角的墙角，双肩打开，屈肩屈肘90°抵靠墙，利用身体重心前移使胸大肌产生牵拉感。胸小肌的拉伸则是把屈肩角度改到120°左右做上述动作。（每次训练3个，进行2组，组间休息30秒）

（a）

（b）

2）弹力带绕肩

作用：增强肩带稳定性。

动作要领：双手握弹力带做前后绕肩动作，这个动作主要是为了增强肩关节灵活性。

（a）

（b）

动作呼吸：平稳呼吸。

动作感觉：感觉肩部的肌肉收缩。

常见错误：胸椎过度伸展，肋骨外翻。

关键点：控制肩胛骨的稳定。

（前后为一次，每次训练20个，进行2组，组间休息30秒）

（c）

3）分腿站立摆臂

作用：增强肩带稳定性。

动作要领：两脚打开与髋关节同宽，前后开立，身体略前倾，双手按标准摆臂姿势，快速前后摆动。

动作呼吸：平稳呼吸。

动作感觉：感觉两侧肩部的协同配合。

常见错误：含胸驼背。

关键点：控制肩胛骨的稳定。

（1分钟一次，3次一组，进行3~5组，组间休息30秒）

4）坐姿摆臂

作用：增加肩带稳定性。

动作要领：坐在板凳上双脚撑地，身体保持稳定，挺胸收腹，按标准摆臂姿势做快速摆臂训练，过程中保持腰部稳定。

动作呼吸：平稳呼吸。

动作感觉：感觉两侧肩部的协同配合。

常见错误：含胸驼背。

关键点：控制肩胛骨和核心的稳定。

（1分钟一次，3次一组，进行3~5组，组间休息30秒）

5）坐姿摆臂进阶版

作用：增加肩带稳定性。

动作要领：坐在垫子上，双腿微曲放于身体前，挺胸，做快速摆臂训练，感受摆臂带动臀部脱离地面的感觉。

动作呼吸：平稳呼吸。

动作感觉：感觉两侧肩部的协同配合。

常见错误：含胸驼背。

关键点：控制肩胛骨和核心的稳定。

（1分钟一次，3次一组，进行3~5组，组间休息30秒）

最后，摆臂记住这个八字要诀"前不漏肘，后不漏手"。建议大家面对镜子练习，让摆臂动作形成习惯。

第四节

跑步运动之躯干姿势

我们前面提到，跑步是全身参与的运动，是上下肢协调的运动。

上下肢是如何协调运动的，上下肢力量是如何有序传导的？这就是我们要谈的躯干核心。核心就像一个水瓶子，腰腹部相当于水瓶的瓶身，上方的膈肌相当于瓶盖，下方的盆底肌相当于瓶底。我们买的未开封的瓶装水，非常稳固，不容易变形。当我们拧开水瓶或者里面的水少了，便非常容易变形。

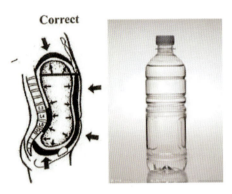
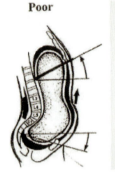

（满水的瓶子，很稳定） （空瓶子，易变形）

核心是人体的交通枢纽。如果交通枢纽出现了问题，可想而知，"堵车"不可避免，导致的就是"交通"（力量传导）效率下降，后续的连锁反应也将爆发。

我们讲的人体核心具体指的是什么呢？一般指的是躯干，包括脊柱、骨盆及其周围的肌肉，最上面为膈肌，最下面到骨盆底肌，加上腰腹部的肌肉。这些肌肉在运动中起到稳定、支撑、保持平衡等作用，也起到协调不同肌肉之间的运动，传导力量，提高运动效率的作用。跑步的时候，如果核心比较弱，就像开封的水瓶子一样，很容易变形，就会导致弯腰、含胸驼背以及拖着腿跑等错误动作模式，增加膝和脚踝以及腰部的受力，进而出现疼痛。

腰部核心在跑步过程中起的作用非常大，具体可以体现在以下方面。

①平地：协调上下肢发力，提供更多动能，提升跑步速度；

②上坡：腰腹部收紧，核心充分发力，稳定骨盆，给双脚发力提供稳定的支撑，有助于抬腿、蹬地，利于上爬；

③下坡：有效控制动作，保持身体重心稳定，减少下肢的冲击力，尤其是膝关节的受力；

④转弯：转弯的时候保持身体直立，提供稳定支撑，尤其是越野跑，道路不平，避免身体倾斜、摔倒，造成下肢肌肉关节疼痛或者意外。

第四章
跑步技术动作解析（实践篇）

所以，对于跑步或者任何运动，核心都是非常重要的，是力量的"发源地"。在跑步的时候必须收紧核心，保持躯干竖直（同身体前倾是两个概念），减少不必要的能量消耗，提升跑步的经济性。

正确姿势

① 跑步时腰腹收紧，躯干保持竖直，身体略微前倾，约为10°；

② 身体略微前倾的要点是髋部屈曲，而不是弯腰；

③ 跑步时躯干相对固定，不能前后或者左右晃动。

下面列举跑步运动中常见的错误姿势。

1 自我评估

A. 晃动肩膀：跑步的时候，从身体的后面拍摄5秒的慢动作视频，观看视频，看肩膀是不是左右晃动，偏离身体的中心比较大。

左右晃动肩膀，不能产生向前的推动力，反而消耗更多的能量，降低跑步的经济性。另外，左右晃动比较大，对单侧支撑腿来说，造成了更大的局部压力或负荷，容易导致腰部和下肢出现疼痛。

B.躯干过度前倾：跑步的时候，从身体的侧面拍摄5秒的慢动作视频，观看视频，躯干向前倾斜超过10°以上，或者肩部相对于臀部过度向前。

跑步时躯干可以略微前倾，如果前倾太大会让背部肌肉紧张，反射性引起下肢肌肉的紧张，影响迈步的动力和步幅。

国外有研究表明，在不改变着地方式的情况下躯干向前倾斜10°可以使膝关节的压力减少13.4%。如果过度前倾，不仅不能降低膝关节的压力，反而使膝关节的压力增大。因此，适当的躯干前倾，此时膝关节的压力较小，是防治跑步膝的重要因素。

C.躯干后仰：跑步的时候，从身体的侧面拍摄5秒的慢动作视频，观看视频，看躯干是不是向后倾斜。

重心位于后面，等于起到刹车作用，也就是说每跑一步产生的是向前的动作，但由于身体后仰抵消了一部分向前的动力，等于自己跟自己较劲，力气都白白消耗在这上面，难怪跑步那么费力。跑步时躯干包括整个身体的正确姿态是身体轻微前倾，利用重力产生部分向前的动力。

D.躯干扭动过大：跑步的时候，从身体的侧面拍摄5秒的慢动作视频，观看视频，看是否存在上半身相对于骨盆出现过大幅度的扭动。

跑步时躯干会相对于骨盆有一定程度的扭转，这种扭转可以很好地借用张力回弹帮助我们进行跑步和节约能量，而跑步的过程中无意识地出现过大幅度的扭动，我们会更多地认为核心的不稳定，存在腰椎扭伤，骶髂关节紊乱的风险。

② 纠正训练

动作名称	数量（个/次）	组数（组）	组间歇（秒）	动作间歇（秒）
死虫子	10	2	30	30~45
伐木式	10	2	30	30~45
熊爬	10	2	30	30~45
躯干旋转协调训练	10	2	30	30

1) 死虫子（初级）

作用：训练核心稳定性。

动作要领：仰卧位，脊柱紧贴地面，双手双脚悬空，在呼气保持核心稳定的情况下，下放对侧手脚（如左手右脚下放，右手左脚不动），吸气不动呼气交换，动作在四肢底端有向上下延展的感觉。可刺激核心在四肢运动过程中的稳定发力。

动作呼吸：发力时呼气，底端保持不动时吸气。

动作感觉：感觉核心的收紧。

常见错误：腰椎离开地面。

关键点：控制四肢和核心的稳定。

（每次训练10个，进行2组，组间休息30秒）

2）伐木式（初级）

作用：训练核心稳定性和抗扭动的能力。

动作要领：弓步姿势，一侧膝盖着地，身体侧方斜拉一弹力带，侧向回旋，感知腹部肌肉的收缩，这个动作是训练核心抗扭转的能力。

动作呼吸：发力时呼气。

动作感觉：感觉核心的收紧。

常见错误：支撑点不稳定。

关键点：控制四肢和核心的稳定。

（每次训练10个，进行2组，组间休息30秒）

3）熊爬（进阶）

作用：训练核心稳定性和抗扭动的能力。

动作要领：四足支撑位置，膝盖离地，身体对侧手脚向前移动爬行，整个过程中保持核心的稳定，膝盖尽可能地靠近地面，减少骨盆的扭动，肩胛骨和头颈需保持足够的稳定。

动作呼吸：发力时呼气。

动作感觉：感觉核心的收紧。

常见错误：手部在爬行的过程中要轻放，切忌用力往下砸，避免腕部受伤。

关键点：控制四肢和核心的稳定。

（每次训练10个，进行2组，组间休息30秒）

4）躯干旋转协调训练

作用：训练核心稳定性和抗扭动的能力。

动作要领：仰卧位，取一泡沫轴，屈髋屈膝90°，把泡沫轴用手肘和同侧膝固定住做同侧向旋转。

动作呼吸：发力时呼气。

动作感觉：感觉核心的收紧。

常见错误：要求对侧背部尽量避免离开地面，泡沫轴不能掉落或者倾斜。

关键点：控制四肢和核心的稳定。

（每次训练3个，一侧一组，进行2组，组间休息30秒）

第五节
跑步运动之髋部姿势

跑步就是迈开腿，迈开腿就是大腿发力带着小腿跑。

这是很多初跑者的认知，但其实这种认知是一个大大的误区！

我们观察到短跑运动员的臀部都很发达，臀部是人体前行的核心发动机。短跑运动员需要快速地奔跑，这时候需要极强的爆发力，而力量的来源主要就是臀部的臀大肌和屈髋的髂腰肌、股四头肌。其实，慢跑也是一样的。

除了臀部是跑步的核心发动力之外，臀部（髋关节）也是连接躯干和下肢的唯一关节，对协调躯干和下肢发力有着承上启下的作用。强大的臀肌一是提供了前进动力，二是保持了骨盆和下肢的稳定，这两点在跑步运动中至关重要！跑步时躯干稳定，下肢摆腿就是以髋关节为轴，核心发力，下肢完成抬腿

第四章
跑步技术动作解析（实践篇）

迈步和蹬地后摆动作，简单地说就是"送髋"技术。

跑步时，"送髋"技术的好坏，直接影响步幅和步频。而步幅和步频是决定跑步速度的两大因素。因此，送髋技术非常重要。

送髋，就是跑步后蹬的时候要充分伸髋，前摆的时候充分抬腿屈髋。充分地伸腿和抬腿需要髋部周围的肌肉非常发达，同时髋关节的灵活性也要非常好。臀部肌肉不发达，不能提供充足的跑步动力，灵活性和柔韧性不好，蹬伸幅度受限，影响发力。臀部肌肉不发达，跑步时骨盆稳定性较差，上下或者左右扭动，往上影响腰椎的位置和排列，容易引起腰痛，往下则影响下肢的稳定性，大腿和小腿肌肉代偿发力，增大损伤的风险。

111

正确姿势

①躯干保持竖直，后蹬时充分伸髋（蹬伸），前摆时充分屈髋（抬腿）；

②蹬伸或者屈髋时，骨盆要保持中立位置，不能有上下或者左右扭动；

③以髋为轴，依靠臀大肌、髂腰肌等髋部肌肉发力，带动下肢发力。

下面列举一些常见的错误姿势。

1 自我评估

A.上下或者左右扭髋：跑步的时候，从身体的后面拍摄5秒的慢动作视频，观看视频，看骨盆是否存在明显的上下运动，或者两侧的骨盆高度不一样。

跑步的时候，应当保持骨盆的稳定，臀部的发力才能更高效地推动身体向前，同时为下肢的摆动提供稳定的支撑。

稳定骨盆的关键是臀中肌，推动身体前进的关键动力是臀大肌。在跑步时臀中肌无力或者未被充分激活，骨盆就会出现上下晃动。如果骨盆不稳定，臀大肌的做功效率必然下降，下肢的发力也会大打折扣，做出很多无用功。

第四章
跑步技术动作解析（实践篇）

另外，骨盆的稳定或者臀中肌的薄弱又与膝关节的功能密切相关，具体内容将在膝关节部分讲解。

B.左右扭髋：跑步的时候，从身体的后面拍摄5秒的慢动作视频，观看视频，看骨盆是否左右运动，偏离身体的中心。

C.屈髋不足：跑步的时候，从身体的侧面拍摄5秒的慢动作视频，观看视频，看躯干是否向后倾斜。

髂腰肌的主要功能是屈髋，也就是摆腿，对步幅和步频的影响都很大。

D.坐着跑：臀部肌肉力量不足，蹬地乏力，跑动中给人的感觉就是身体从未离开地面，给人一种坐着跑步的感觉，通常这种情况伴随核心力量不足，尤其下腰背力量不足，跑步动作周期没有完全进行就被迫进入下一个周期循环。

简单说来，不会送髋的人跑步就像坐着跑，整个人坐在自己腰上，完全靠大腿发力朝前。看着很笨重，重心被向后压住，步幅放不开。而会送髋的人跑步就像腾空一样，两条腿跑起来像滚动的车轮。重心一直在身体外面的前方，重心被推着走。

E.伸髋不足

髋部正后方的臀大肌，以及上方的背部肌群、大腿后侧肌群都属于"伸髋肌群"，为下肢蹬伸提供充沛动力。臀大肌、背部、大腿后侧、小腿一起形成强大的"后侧链"，形成推动身体向前的最重要驱动力之一。如果臀大肌这个中间环节薄弱，整个"后侧链"发力的同步性、协调性受影响，再强的核心也不能很好地带动腿部，还可能造成腿部代偿性地过度紧张。

髋内侧肌肉由大收肌等五块肌肉组成，合称内收肌群，主要功能为内收大腿。如果内收肌力量不足，容易形成O型腿；还会造成蹬伸时大腿内旋和脚掌"内扣"动作不足，容易出现外八字脚。

上述这些部位的力量，其实在传统的静态练习（平板支撑、侧平板支撑、臀桥）、卷腹、两头起等动作中已经大量涉及。

② 纠正训练

动作名称	数量（个/次）	组数（组）	组间歇（秒）	动作间歇（秒）
单侧提胯	10	2	30	30~45
弓步弹力带侧行走	10	2	30	30~45
弹力带蚌式开合	20	2	30	30~45
髋屈肌训练	20	2	30	30~45
远固定内收肌侧平板	10	2	30	30~45
单腿硬拉	10	2	30	30~45

1）单侧提胯（初级）

作用：训练髋外展肌肉在远端固定情况下收缩的能力。

动作要领：站立位，一侧腿悬空，双手帮助身体保持平衡，将悬空的那一侧骨盆向上提起，感受支撑腿髋部外侧的肌肉收缩，这个动作很容易产生一个利用屈髋运动代偿的假象。一定要感知髋部外侧的肌肉发力！

动作呼吸：发力时呼气。

动作感觉：感觉支撑腿的髋外侧肌肉收紧。

常见错误：用悬空腿的屈髋代偿。

关键点：控制四肢和核心的稳定。

（每次训练10个，进行2组，组间休息30秒）

2）弓步弹力带侧行走（初级）

作用：训练髋外展肌肉的力量。

动作要领：身体站立半蹲位，套一弹力环于膝关节上方，在身体保持稳定后，膝盖向侧方顶开，向侧方行走，整个过程中需要保持髋部的稳定，不要出现过大的上下起伏，也不能出现髋部的内旋代偿的运动。这个动作可以有效地刺激我们的臀部肌肉发。

动作呼吸：发力时呼气。

动作感觉：感觉髋外侧肌肉收紧。

常见错误：用髋关节内旋代偿。

关键点：控制四肢和核心的稳定。

（每次训练10个，进行2组，组间休息30秒）

3）弹力带蚌式开合

作用：训练髋外展肌肉的力量。

动作要领：侧卧位，取一弹力环套在两腿的膝盖上方，屈髋屈膝呈90°，从侧面看，肩、髋、踝呈一条直线，以脚跟为支点，膝关节做蚌壳式开合，要求动作流畅，慢起慢落，感觉臀部外侧肌群发力紧张感。这个动作是锻炼我们的臀中肌的——稳定骨盆和下肢运动非常重要的一块肌肉。

动作呼吸：发力时呼气。

动作感觉：感觉髋外侧肌肉收紧。

常见错误：骨盆出现过大移动。

关键点：感受髋外展肌的收缩和核心的稳定。

（每次训练20个，一组一侧，进行2组，组间休息30秒）

第四章
跑步技术动作解析（实践篇）

4）髋屈肌训练

作用：训练髋外展肌肉的力量。

动作要领：站立位，取一标志物放于身体正前方，屈髋屈膝大于90°从标志物正上方跨过，起和落都不碰到地面，分别从前后向和左右向锻炼屈髋肌群。

动作呼吸：稳定呼吸。

动作感觉：感觉大腿内侧肌肉收紧。

常见错误：骨盆出现过大移动。

关键点：感受髋屈的收缩和核心的稳定。

（每次训练20个，一组一侧，进行2组，组间休息30秒）

（a）

（b）

（c）

117

5）远固定内收肌侧平板（初级）

作用：训练髋内收肌肉的力量。

动作要领：身体保持侧平板支撑状态，一条腿放于凳子上，在侧支撑的过程中感受支撑腿的大腿内侧发力。这个动作可以训练到我们单侧的内收肌肉，增加我们在跑步过程中髋部的稳定性。

动作呼吸：发力时呼气。

动作感觉：感觉大腿内侧肌肉收紧。

常见错误：骨盆出现过大移动或者塌腰。

关键点：感受髋内收的收缩和核心的稳定。

（每次训练10个，进行2组，组间休息30秒）

6）单腿硬拉（进阶）

作用：训练下肢的协同以及单侧发力的稳定。

动作要领：单腿支撑位，一手拿哑铃，在身体躯干保持稳定的情况下，以髋关节为轴，躯干向前倾，感受支撑腿的臀部的牵扯，在动作的最底端停留1~2秒，缓慢地利用臀部发力，抬起我们的躯干。这个动作需要我们有极强的髋部稳定性，还有核心稳定性，是训练身体功能性的王牌动作。

动作呼吸：发力时呼气。

动作感觉：感觉下肢的整体发力。

常见错误：骨盆出现过大移动或者塌腰。

关键点：感受下肢肌肉的收缩和核心的稳定。

（每次训练10个，进行2组，组间休息30秒）

第六节
跑步运动之膝部姿势

膝关节是跑步过程中非常关键的部位,也是最容易受伤的部位。我们常常听到跑步容易伤膝盖,跑步膝、髂胫束摩擦综合征、髌骨磨损、滑膜炎、鹅足肌腱炎等,都贴上了跑步的标签。然而,这些真是跑步导致的吗,还是跑步不当、跑姿错误导致的呢?

根据国际权威杂志《美国骨科与运动物理治疗杂志》(*Journal of Orthopaedic & Sports Physical Therapy*)发表的文献,研究表明:跑步适量的运动人群关节炎发生率仅为3.5%,而久坐不动人群的关节炎发生率为10.2%,竞技人群的关节炎发生率为13.3%。所以说,跑步不但对膝关节没有坏处,反而益处更多,关键是我们如何跑。

跑步是一种单一动作不断重复的周期性运动,而且膝关节在每次运动中都会承受8倍以上体重的冲击力。想象一下,一个体重60公斤的跑者,每次跑动膝关节承受的冲击力高达500公斤。一场马拉松平均步数在40000步左右,膝关节承受多大的冲击力呢？如果跑步姿势不正确、力量不足，膝关节局部受到的冲击力更大，如此反复，膝关节肯定出问题。就像我们骑的自行车，当车圈来回摆动的时候，车轴能不磨损，能不出问题吗？

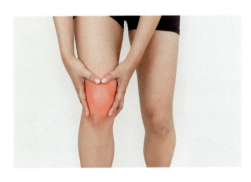

正确的跑步姿势，是避免膝关节损伤的重要因素，也是提升跑步经济性的重要因素。

我们简单介绍一下跑步时膝关节的姿势，跑步的时候下肢主要分为两个阶段，一个是着地期，一个是腾空期。

我们先模拟一下着地期，着地期膝关节的主要动作是屈伸，动图中能看到，膝关节在此期间主要能做的动作就是屈伸和内翻。

我们再看一下腾空期，从中我们可以看出，在腾空期膝关节主要做的动作就是屈伸和内翻外翻。

标准的跑步姿势中膝关节只做方向正前的屈伸动作，那么我们评估的时候就从身体的前面和后面拍慢动作跑步视频，先看一下模特的视频。

膝盖与脚的位置应呈一条直线，所以当脚落地的时候，脚刚好在膝盖下方。除非你是在跑坡，否则没有必要将膝盖提升至90°弯曲。膝盖的位置可以稍微低一些，这样就会减少跑步时的能量损失。

那膝关节不稳与臀中肌又有什么关系？臀中肌的主要功能是腿外展外旋。

与之相反，臀中肌力量不够就会导致腿内收内旋，即俗称的"X形腿""膝内扣"。有些跑者，跑步时膝内扣或脚外翻，这就是膝关节不稳的重要表现，而这样的跑姿将会对膝关节产生极大压力，同时还会引起髌骨运动轨迹异常，从而诱发髌骨关节面过度磨损。

有研究表明，膝痛患者与健康人群相比，臀中肌力量明显减弱，相差20%~35%。骨盆的稳定主要靠臀中肌，臀中肌位于髋外侧，跑步时的髂胫束摩擦综合征等膝伤很大程度上就跟臀中肌无力有关。

正确姿势

很多跑者，特别是疲劳的时候，总是拖着脚走，就是脚几乎不离开地面。如果碰到这种情况，你应该提醒自己要提膝，这样你在空中位移的时间会增加，从而能更好地去控制落地。注意：落地腿的膝盖应始终超过髋关节。

膝关节朝向前，落地不要内扣。

①紧张的髂胫束在膝关节做伸膝屈膝的动作中不断地摩擦膝关节外侧，将髂胫束综合征的疼痛原因解释为过度摩擦，这也是现在经常将髂胫束综合征称为髂胫束摩擦综合征的原因。

②膝关节在屈曲30°时有一个影响区，大约就是在整个步态周期的初始时候，也就是说膝关节在屈曲30°左右时，髂胫束刚好摩擦过膝盖外侧，是整个步态过程中最疼的一个点。这也就可以解释为什么大部分髂胫束综合征患者通常在刚迈步时疼痛最明显，也可以解释那些跑上坡路、下坡路和减慢速度的跑友会感到疼痛更明显，因为坡道会迫使人减速且缩小步伐，让膝关节更长时间处在过度受力中。

第四章
跑步技术动作解析（实践篇）

下面列举一些跑步时常见的错误姿势。

1 自我评估

A.膝盖内扣

不少跑友，尤其是女性跑友，跑起步来容易出现膝盖内扣的现象，这是最应避免的错误跑姿，因为这种跑姿会大大增加膝盖和小腿的压力，长此以往，不是膝盖出问题，就是足踝出问题。跑步时膝盖要正对脚尖。出现这种情况主要是因为身体出现了骨盆的过度前倾，导致我们的股骨出现相对的内旋，并且还有一部分是因为髋部外展外旋的肌肉出现了无力的情况，这个情况一般是由于我们长期久坐导致我们臀肌不会很好地用力，这个时候这块肌肉的不工作就会导致我们的膝盖内扣的发生，解决办法：纠正骨盆前倾，训练强化臀部肌肉（臀大肌，臀中小肌）。

B.膝盖过伸

所谓膝盖过伸，是指跑步时甩小腿跑。在单脚着地时，着地点明显在身体重心前方很远的位置，且脚跟着地，这样容易把来自地面的作用力不经缓冲直接传递到膝盖,导致膝盖受力过大,长此以往,膝盖难免出问题。正确的着地方式应当是着地瞬间,着地点在身体重心正下方,至少不能距离重心太远。

C.踢屁股跑

在短跑中,快速折叠小腿是基本技术,博尔特的跑姿就是恨不得踢中自己屁股,但是对于中长跑而言,在半小时甚至更长时间内,不断折叠小腿只会让你因为肌肉疲劳而疲惫不堪,实无必要。中长跑即使需要一定的折叠小腿也是折叠小腿和上摆大腿的结合,俗称提拉技术,而非只是踢屁股跑。

这个跑姿多来源于习惯性的原因,要纠正主要是通过刻意在跑步过程中发觉并纠正。纠正的方式有放缓自己交替腿的时间,放慢自己的步频等,一般情况下一个月内就可以解决掉这个跑步的不良习惯。

第四章
跑步技术动作解析（实践篇）

2 纠正训练

动作名称	数量（个/次）	组数（组）	组间歇（秒）	动作间歇（秒）
窄距深蹲	10	2	30	30~45
弓步蹲	10	2	30	30~45
跪式斜支撑	10	2	30	30~45
抗阻踢毽子	10	2	30	30~45
单腿臀桥	10	2	30	30~45

1）弓步深蹲

作用：训练下肢的肌肉力量。

动作要领：站距一个拳头的距离，双手可抓住身体前侧一固定物体，慢慢向下深蹲，在深蹲的过程中保持骨盆的稳定性。在底端停留1~2秒，再慢慢起身，这个动作训练的是我们股四头肌的肌肉力量。

动作呼吸：发力时呼气。

动作感觉：感觉下肢的整体发力。

常见错误：骨盆出现过大移动或者塌腰。

关键点：感受下肢肌肉的收缩和核心的稳定。

（每次训练10个，进行2组，组间休息30秒）

2）弓步深蹲

作用：训练下肢的肌肉力量

动作要领：站立位，身体向前跨一大步，慢慢向下完成弓步深蹲。整个动作的最底端，前侧的小腿保持与地面垂直，大腿与地面平行。躯干和后侧的大腿在同一条直线并且垂直地面。这个动作是训练髋和膝盖在运动过程中的稳定。

动作呼吸：发力时呼气。

动作感觉：感觉下肢的整体发力。

常见错误：骨盆出现过大旋转或者塌腰，或者下落幅度不够。

关键点：感受下肢肌肉的收缩和核心的稳定。

（每次训练10个，进行2组，组间休息30秒）

3）跪式斜支撑

作用：训练下肢的肌肉力量。

动作要领：跪于一软垫上，身体稍稍后仰，感受腹肌与股四头肌产生拉扯感，保持被拉扯的状态，手部可做一轻微拍打动作，感知股四头肌的收缩，控制骨盆的稳定。

动作呼吸：快速呼吸。

动作感觉：这个动作训练的是股四头肌的离心控制。

常见错误：腰部过于前凸，核心不够稳定。

关键点：感受下肢肌肉的收缩和核心的稳定。

（每次训练10个，进行2组，组间休息30秒）

4）抗阻踢毽子

作用：训练缝匠肌的肌肉力量。

动作要领：身体站立，套一弹力带于足部内踝，做一踢毽子的动作，这个时候会极大程度激活强化我们的缝匠肌，帮助我们在跑步的过程中更好地稳定我们的膝关节。

动作呼吸：发力呼气。

动作感觉：大腿内侧缝匠肌的发力。

常见错误：站立时核心不够稳定。

关键点：感受下肢肌肉的收缩和核心的稳定。

（每次训练10个，进行2组，组间休息30秒）

5）单腿臀桥

作用：训练臀大肌的肌肉力量。

动作要领：仰卧位，屈膝，后脚跟向臀部靠拢，一脚悬空，呼气，臀部发力将骨盆抬离地面，顶端保持1~2秒，吸气慢慢回落。该动作主要是强化我们的臀肌发力以及膝关节在运动过程中的稳定性。

动作呼吸：发力呼气。

动作感觉：大腿后侧臀大肌的发力。

常见错误：塌腰。

关键点：感受下肢肌肉的收缩和核心的稳定。

（每次训练10个，进行2组，组间休息30秒）

第七节
跑步运动之足踝姿势

千里之行，始于足下。

跑步是一项全民运动，然而出现脚踝疼痛的跑友非常多，这和跑姿不对有密切的关系。

首先我们先了解一下脚踝的解剖结构。踝关节是由小腿的胫骨、腓骨下端和足跟部的距骨组成。周围有很多韧带，帮助加固脚踝，保持稳定。踝关节背屈时，脚趾抬离地面，脚背向靠近身体的方向运动；踝关节跖屈时，脚跟抬离地面，脚背向远离身体的方向运动。

踝关节的组成有点像楔木，并不是完全匹配的。当背屈的时候，踝关节面接触面积变大，比较稳定；当跖屈的时候，踝关节接触面积变小，稳定性下降。另外，踝关节外侧的韧带相比内侧的韧带较为薄弱。这些都是踝关节容易出现崴脚等疼痛的解剖的因素。

然后我们再了解一下脚踝的生物力学，也就是脚踝的承重、受力。脚踝作为人体距离地面最近的负重关节，也是负重量最大的关节。站立的时候全身重量均落在脚踝上，承重为体重的1倍，当行走时承重为体重的5倍，当跑步或者起跳落地时承重至少是体重的10倍以上。

因此，脚踝在运动中非常容易受伤，尤其是在姿势不正确的情况下，局部受力更大，增加了损伤疼痛的风险。有研究报告说，脚踝损伤占所有运动创伤的20%～40%。脚踝损伤后会使身体再受伤的概率增加40%～70%。

谈到跑姿，一定会谈到脚踝的落地方式，不同的落地方式对脚踝的承重或者要求不一样，不同的落地方式对跑步的速度也有影响。

一般来说，跑步落地的方式有三种，一是前脚掌着地，二是后脚跟着地，三是中足着地。很多跑友说前脚掌着地好，缓冲好，跑得快，全脚掌着地对膝关节的冲击力大，其实这种观点并不完全正确，不能一味地认定跑步落地方式就有一种方式。这三种落地方式都属于正确的跑姿，只是对跑者身体素质的要求不一样，对跑步的速度影响也不一样。

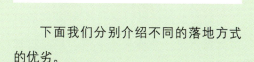

下面我们分别介绍不同的落地方式的优劣。

1 自我评估

A.前脚掌着地

优势：首先，在于落地时膝盖是弯曲的，足弓和小腿的肌肉能够充分离心收缩，能防止落地脚过于前伸。落地时脚在身体重心下方，更有利于落地脚的膝盖保持微曲，既能利用足弓减震，还能利用膝盖进行缓冲，降低膝伤发生。其次，前脚掌落地是减少着地时间的需求。后脚跟先着地需要从后脚跟落地过渡到前脚掌蹬地，需要一定的过渡时间；而前脚掌先着地省略了这一过程（重心一直是压在前掌），有利于减少着地时间，提高动作效率。

劣势：前脚掌着地，确实可以缓解地面对膝关节、髋关节的冲击，快速的短跑都是采用前脚掌着地。但是这种落地方式对小腿肌肉群、脚踝、足弓等部位要求比较高，需要进行专门的训练。对于初跑者来说贸然尝试，不注意方式方法很可能导致足底筋膜炎和胫骨骨膜炎。并且很多人会养成踮着脚跑的错误姿势。这种姿势会导致前足承受的压力过大，从而导致出现慢性的损伤或者是脚趾骨头的骨折或骨裂。

前脚掌落地难以坚持的原因包括肌肉力量不足、节奏和速度慢，是前脚掌着地没有被普通跑友普及的重要原因！

发挥脚踝缓冲能力的过程，足部、小腿肌群都需要提供足够的力量支撑。如果力量不足，采用前脚掌跑法就会感觉脚底软绵绵的、发不上力。越来越多的研究表明，着地的关键其实并非前脚掌或是后脚跟，而是应当让着地点靠近身体重心。如果采用迈大步、着地点在重心前方太远，就会产生刹车效应，即使刻意用前脚掌着地，依然给身体带来很大的冲击。

B.后脚跟着地

优势：跑步自然，小孩子刚开始跑步的姿势，也是人走路的姿势，对身体素质的要求不高，比较省力。

劣势：影响跑步的效率，又增加了落地的冲击力，对足跟、膝盖和脚踝的冲击负荷较大，运动过量的时候容易出现足跟痛、膝盖疼等问题。

后脚掌（脚后跟）着地法的跑法目前争议较多，但这并不意味着这种跑法没有可取之处。一般认为，在技术动作不正确的情况下，就想用脚后跟持续进行跳跃，膝盖和髋关节会承受较大的冲击，非常容易受伤。但是，如果能够正确掌握后脚掌滚动到前脚掌过渡的技巧，就能化解大部分冲击力。现代跑鞋很多都是后跟厚度大于前掌，后跟着地过渡到前脚掌就成了最舒服的一种姿势，所以普通跑者中后脚跟落地还是非常常见的。

落地最重要的是迅速滚动到全脚掌受力，落地点在身体重心下方。这样不仅能做好足够的缓冲，还能让你获得更好的推动力。每个人的落地方式都是不同的，所以你需要做的是如何最优化身体的使用效率。

C.中足着地

优势：充分利用人体足弓的优势，缓冲落地的冲击力，并均匀地分布到下肢各部位，减少损伤和疼痛的发生。

劣势：足弓反复的受力，足弓复合过大，容易影响足弓的性能，造成足弓的塌陷。

前脚掌"无力"时，后脚跟先着地

第四章
跑步技术动作解析（实践篇）

也无伤大局，对于已经习惯后脚跟先落地的业余跑友，要很快形成前脚掌跑法是有一定难度的。如果在这时一味追求前脚掌着地，足踝小腿肌肉更容易紧张疲劳，也比较容易出现抽筋等症状。全脚掌着地的跑法对于小腿和脚部肌肉要求不高，脚底在着地的时候吸收了一部分冲击力，但是此方法更难掌握，对膝关节的压力是很大的，每次落地都是股骨和胫骨的相对撞击，对大腿的肌肉要求很高，很容易导致膝盖的损伤。初学者很容易造成砸地的状况。

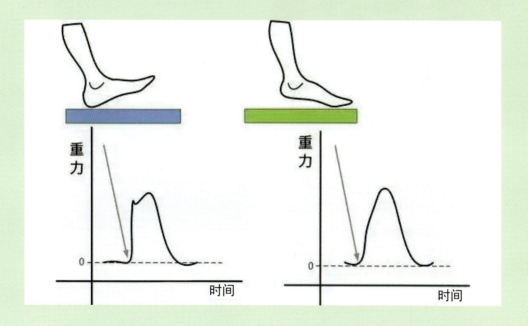

以上三种落地的姿势，分别对应了慢速跑、中速跑和急速跑。这应该就是很多人过不了这一关的原因。当你在慢速跑的时候就想尝试足中落地，由于没有足够的摆动加速空间，所以只能是跺地。同理，当你有了足够的摆动加速空间，自然就会变成足中跑，同样，速度也会快很多（整体姿势标准是前提！比如躯干过于前倾，你跑多快都会是足跟先落地）。而前脚掌落地这种基本只出现在400米以下的急速竞速跑中。所以，要是想练足中跑，就应该跑得快一点！

另外，以上三种足落地的姿势出现在不同的运动状态下也不见得是件好事！比如说，在慢速状态下强迫前脚掌着地，由于没有足够的摆动空间加速，所以只能被迫增加膝关节屈伸活动，然后膝关节磨损会增加，而且还容易诱发跟腱炎；再比如说，已经跑得很快了，可还是在用足跟着地，成倍增长的冲击力会猛烈攻击你的大脑和膝关节，可谓伤身伤脑。

我们建议还是脚跟先着地，或者说脚底的后半部分先着地，然后脚跟向全脚掌（脚的外侧）再向前脚掌迅速过渡蹬地，更多地用髂腰肌发力向前迈出去，臀肌向后蹬伸，这样后脚掌落地非常迅速地过渡到前脚掌，就像整个脚掌在地面上滚动一样，从脚跟到前脚掌的一个过渡，会提供一个很好的缓冲，很符合人的生理结构，不需要进行特别的训练就很容易掌握。另外，还有身体重心轻微前倾、不后仰，着地时间尽量短（落地后及时蹬地、提拉收腿），同样也是减少落地"刹车"与冲击的关键。另外，膝关节在着地时保持轻微弯曲也非常必要。跑友们应当极力避免脚跟着地同时膝关节"伸直锁死"的着地方式，这种跑法对于下肢关节伤害极大。脚跟着地的跑法，落地时脚前伸，相对

前脚掌着地的跑法，对髌骨关节的压力相对小，有利于髌骨软化和ACL术后恢复跑步的朋友学习和恢复跑步能力。脚后跟先着地的方法对小腿三头肌的要求相对也小一些，对下肢各肌肉利用相对比较平衡。

当然，脚跟先着地的跑法也要注意足底内侧不着地，着地顺序是脚跟、脚外侧、前脚掌，若是有功能性扁平足或者踝关节外翻落地，对于下肢力线还是会有比较大的不利影响的，同样损伤膝盖。

第四章
跑步技术动作解析（实践篇）

对于普通跑步爱好者来说，不必过分在意自己是哪种落地方式，每个人都有自己感到最舒服的跑姿。前面已经提到，不管是前脚掌着地还是后脚跟落地跑法，并没有好坏之分，受伤的概率并没有太大的区别。如果你之前习惯哪种跑法，就用哪种跑法，没有必要做出改变。

所以，如果进行长距离训练、马拉松比赛时出现小腿无力、脚踝不舒服，不能再坚持前掌着地，那么适当增加后跟着地，也并不影响整体动作的效率，也不一定会增加伤病风险。

总之，运动水平较低，且已经习惯后跟先落地的业余跑友，短时间内形成前脚掌跑法是有一定难度的，如果没有循序渐进的训练积累，不适合过快改成前脚掌跑法。

脚踝是我们跑步过程中直接接触地面的一环，也是我们需要好好保护的一环，不合适的跑鞋一次跑步就能让脚磨出几个水泡，不稳定的脚踝一个没踩实就能崴脚，不良的落地姿势一场比赛可能就会造成足底筋膜炎。我们就从几个方面介绍，脚踝在跑步过程中的知识点。

足踝要求：落地脚尖向前

①踝关节扭伤大部分是由于脚踝的突然向内或向外扭曲旋转所致。内翻伤是由于踝关节外侧结构不稳使踝向内扭旋。

②在生活中，因路面不平、地面有洞也常发生踝关节的扭伤。当有纵向跳起落地时，会有更大的体重负荷施加在踝关节上，而产生比较严重的踝关节扭伤。

② 纠正训练

动作名称	数量（个/次）	组数（组）	组间歇（秒）	动作间歇（秒）
单脚四向点地	15	2	30	30~45
胫骨后肌激活	15	2	30	30~45
抗阻足背屈	15	2	30	30~45
半蹲位提踵	10~15	3	30	30~45
单脚提踵	10~15	3	30	30~45
平衡垫上稳定性训练	10~15	3	30	30~45

1）单脚四向点地

作用：训练前足稳定性。

动作要领：一脚悬空，一脚前足着地（后脚跟抬起），在控制身体平衡的情况下，缓慢地抬起自己悬空的那条腿不断地前后左右点击身体前侧的地面，整个过程尽量缓慢且有控制地进行。这个动作是主要训练前足稳定性。提升强度可以换成闭眼进行。

动作呼吸：稳定呼吸。

动作感觉：前脚掌发力压地。

常见错误：失去平衡。

关键点：感受下肢肌肉的收缩和核心的稳定和足踝的控制。

（每次训练10个，进行2组，组间休息30秒）

2）胫骨前肌激活

作用：训练前足稳定性，强化胫骨后肌的肌肉力量，提拉足弓。

动作要领：双脚前足站于台阶或者略高的位置，前脚掌分开约45°~60°，脚后跟并拢，并将足底降低到和地面平行的位置，在该位置足跟进行对抗。感知内侧足弓的发力和轻微的酸胀感，这个动作是激活足底的内侧纵弓，重新构建足底生物力学，适合足弓塌陷和扁平足的人群。

动作呼吸：稳定呼吸。

动作感觉：前脚掌发力压地。

常见错误：失去平衡，脚后跟没有完全并拢，或者后脚跟抬得过高或过低。

关键点：感受下肢肌肉的收缩和核心的稳定和足踝的控制。

（每次训练10个，进行2组，组间休息30秒）

3）抗阻足背屈

作用：训练胫骨前肌的肌肉力量提拉足弓。

动作要领：找一弹力带套于足背上，用力回勾脚尖，在有控制的情况下慢慢地再回到原位，该动作主要是训练我们的胫骨前肌，主要是为了增加我们在跑步中勾脚尖的力度，让我们的跑步效率更高，不至于出现胫骨前肌疲劳的情况。

动作呼吸：稳定呼吸。

动作感觉：小腿前侧肌肉收缩。

常见错误：脚趾过度翘起。

关键点：感受足踝的控制。

（每次训练10个，进行2组，组间休息30秒）

4）半蹲位提踵

作用：训练前足稳定性。

动作要领：站立位，屈髋屈膝半蹲位，脚趾分开，双手叉握于胸前，核心发力稳定，用前脚掌着地，后脚跟离开地面，做缓慢的起落运动，动作流畅不抖动。

动作呼吸：稳定呼吸。

动作感觉：前足压地。

常见错误：核心不稳定。

关键点：感受足踝的控制。

（每次训练10~15个，进行3组，组间休息30秒）

5）单脚提踵

作用：训练前足稳定性。

动作要领：单脚站立位，脚趾分开，双手叉握于胸前，核心发力稳定，用前脚掌着地，后脚跟离开地面，做缓慢的起落运动，动作流畅不抖动。

动作呼吸：稳定呼吸。

动作感觉：前足压地，小腿后侧肌肉收缩。

常见错误：核心不稳定。

关键点：感受足踝的控制。

（每次训练10~15个，进行3组，组间休息30秒）

6）平衡垫上稳定性训练

作用：训练足踝稳定性。

动作要领：取一平衡垫于平地上，单脚站立于垫上，微屈髋屈膝保持平衡稳定，可与另一人进行抛接球或者对抗外部施加的干扰力，或者悬空脚可在空中写字。

动作呼吸：稳定呼吸。

动作感觉：足压地，小腿后侧肌肉收缩。

常见错误：核心不稳定。

关键点：感受足踝的控制。

（每次训练10~15个，进行3组，组间休息30秒）

另外,训练完的小伙伴可以做下面的动作改善足踝活动度。

1)足背屈跪姿拉伸

膝盖并拢,两脚并拢,光脚勾脚尖跪在垫子上,臀部慢慢坐下至最低,保持两分钟一组,注意保持两脚内侧并拢,每天做3组即可。

(a)

(b)

2）足背伸跪姿拉伸

膝盖并拢，两脚并拢，光脚伸脚尖跪在垫子上，臀部慢慢坐下至最低，保持两分钟一组，注意保持两脚内侧并拢，每天做3组即可。

第八节
跑步运动之配速

关于跑步有一个概念不得不提，那就是配速，所谓配速就是平均每公里所用的时间。两个跑友见面聊起配速多少，一脸茫然，肯定就是新手了。一般配速是7分（7分钟一公里）以上，说明是个新手，可能没有怎么训练过；配速6分的属于一般水平，经过一定的训练；配速5分的属于高水平，说明平时有规律地训练，身体素质很好；配速3~4分或者更低的，属于跑步的"大神"级别，身体素质超强。

高配速是很多跑友追求的成就，那么怎么提高配速呢？跑步的配速由步频和步幅决定。速度=步频×步幅。要想跑得快，可以提高步频，或者加大步幅，或者两者兼有，貌似很简单。但是这个问题，已经被反复讨论了几十年，主要在于步频与步幅，是两个相互制约的因素。

要想跑得快，增加哪个更有效呢？先来看看顶尖运动员是怎么跑的。2007年田径世锦万米比赛中，贝克勒（前万米世界纪录保持者）与Mathathi以同样的速度跑了前面九千米。贝克勒身高1.63米，步频190步/分钟。在最后的一公里冲刺阶段，他的步幅不变，步频提高到惊人的216步/分钟，一举摘金。Mathathi身高1.7米，步频接近200步/分钟，在最后冲刺阶段，加大了步幅，步频反而下降，维持速度不变（后来他表示最后没有提速，是疲劳所致）。女子前万米纪录保持者王军霞，则是典型的全程高频率跑法，她的平均步频达到209步/分钟。在冲刺阶段，她一般采用加大步幅，步频不变的方式。上述例子说明，首先，专业运动员的步频都很高，而且他们可以根据需要调节步频或者步幅的节奏。那么，业余跑者应该怎么跑呢？

以下告诉大家三个提高跑步配速的方法，当然这里讲的跑步技巧的提升，是建立在一定的身体素质之上的。身体素质比较差，优先提升体能，然后进行针对性训练提升步幅和步频。

在欧美跑步盛行，他们经常提到一个"标准步频"：180步/分钟。有研究表明，达到或接近这个步频，是每一个长跑者应该改进的技术。但是大部分业余跑者的步频达不到这个数字，原因是业余跑者中普遍存在的一个问题，就是过大的步幅，把步频限制在不经济的水平，同时也带来伤痛等其他负面影响。

第四章
跑步技术动作解析（实践篇）

1 调整过大的步幅

我们需要先对"步幅过大"进行定义。所谓步幅过大，就是如右图这样的跑法：过度前伸的小腿，打直的膝盖，脚跟的重落地，而且在跑友中非常普遍。合适的步幅，则应该是中前掌落地，落地点靠近身体重心，主动下压、扒地。

步幅过大的坏处是显而易见的：明显的刹车作用，过长的支撑时间，完全抵消了大步幅带来的好处；还显著增加了震动的传导。

举个例子，在短跑运动中，百米世界纪录保持者博尔特的步幅是所有跑步中最大的，但是他的落地点也是很靠近身体重心的，目的就在于避免刹车作用，尽量缩短支撑时间，并为强大的扒地与后蹬提供条件。顶尖长距离运动员的落地方式，无一例外，均是中前掌落地，落地点靠近身体重心，折叠膝关节，主动下压。步幅过大的问题，牵涉到一个大家经常讨论的另一个问题，中前掌落地还是脚跟落地？这个问题跑友争论非常激烈，互不认同。只要把落地点靠近身体重心，中前掌落地就是自然而然的事。而后脚跟落地也不是一定要克服的习惯，只要落地点正确，就已经大大提高了跑步的效率。至此，业余跑者改进跑步技术的第一步，就是避免步幅过大，这个可以通过刻意练习达到。

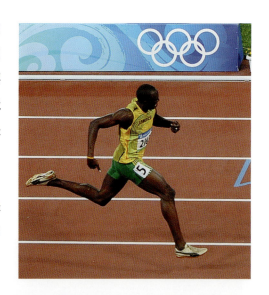

② 提高步频

避免了步幅过大,就开始解决如何把步频提高到170~180步/分钟,或适合自己的经济步频。据观察,一个短跑选手,他的固有步频在年纪很小的时候就形成了,要改起来,还真不是很容易。业余跑者,大多是半路出家,未受过专业训练。要提高步频,途径之一是逐渐习惯快速转换,比如经常进行一些200米之类的反复冲刺跑,体会跑步的协调发力。还可以练习高抬腿跑,后踢腿跑,不屈膝小跳上楼梯,沙地跑等。

配速	普通大众	初级跑者	中级跑者	高级跑者
800	169	174	175	176
730	168	174	177	176
700	170	175	180	177
630	171	178	181	178
600	172	180	185	179
530	174	184	187	183
500	177	190	191	188
430	182	199	201	196
400	未测试	208	209	202
330	未测试	231	221	210

业余跑者的触地时间较长,下肢结构缺乏弹性,也是步频上不去的原因之一。如果你的下肢是一块海绵,吸收了落地的大部分震动,却没有提供力量回馈,就如跑沙地一样,当然跑不快!想跑得快,就要提高结构的刚性,把你的下肢结构变为一个弹力球。措施包括:不要穿太软的跑鞋(保护是否足够的问题,暂不探讨),增强下肢小肌群力量,保持足弓的弹性等。所有跑友都应该测量一下自己的步频,明显低于170~180步/分钟的,不妨先从提高步频做起。当然,步频的提高是有限度的,限度则取决于你的神经协调性、身体结

构和力量。理论上，人的肌肉在1/3最大收缩速度下运动最为高效，这相当于每分钟180~200次。

3. 加大步幅

现在，既修正了步幅过大的毛病，又习惯了高效率的步频，再想跑得更快的，那就很简单了，唯有加大步幅。在这个阶段再去加大步幅确实不容易，这也是限制更多人提升自己的禁锢。加大步幅就需要"积极前摆，充分送髋，快速下压，主动扒地，加强后蹬"。

A. 积极前摆

我们知道后蹬动作是跑步前进的非常重要的动力，所以在跑步过程中我们会刻意去蹬地。但是往往在实际跑步中，前摆幅度与后蹬幅度互相制约，后蹬之后不放松，限制了大小腿的折叠角度，导致前摆不充分，进而影响整体的运动幅度，影响步幅。所以在后蹬之后我们要屈髋屈膝跟进前摆的幅度，平时可以加入屈髋屈膝肌群的功能训练。

B.充分送髋

所谓送髋,就是以骨盆的转动带动摆腿。提高送髋能力一是提高骨盆的稳定性,二是提高腰腹核心。越来越多的跑友意识到核心的重要性,没有跑步训练的时候练练臀桥、燕飞之类的训练,强化核心力量。跑步是一种动态运动,建议可以多加入一些动态训练,比如动态平板、侧桥和划船训练。

C.主动下压扒地,加强后蹬

主动下压扒地看似减小了步幅,实际却相反,因为后蹬被加强了。后蹬是跑步运动中最主要的驱动力,这点在前面已经反复提到过了,下压扒地就是其准备动作。主动下压扒地同时还可以减少身体重心的上下起伏,减少不必要的耗能,所有的精力专注于前进做功。

总结:

首先避免步幅过大问题,这个相对容易,见效快;

其次提高经济步频,需要反复练习;

最后练习加大步幅,这个是攻坚战,持久练习,突破后就是九重天境界。

第九节
跑步运动之呼吸模式

呼吸扮演的角色实在是太重要了,帮助我们身体吸收氧气是其最重要的功能,特别是在马拉松这种极度高强度的运动中,呼吸的代谢显得至关重要。

我们要了解人体3种不同的供能方式,不同的供能方式和呼吸模式有密切的关系。

①ATP-CP供能(短跑/冲刺运动的供能方式):这个是短时间释放大量能量的一种供能系统,只能维持5~10秒的高强度运动,一般在举重、百米冲刺等项目的运动中我们会用得到,而在启动这种供能系统的时候,我们一般都是屏气,一口气完成比赛。

②糖酵解供能(间歇跑/力量训练的供能方式):也叫乳酸供能系统,属于

无氧代谢，一般可以维持2~3分钟。在持续进行较为剧烈的运动时，肌糖原在缺氧状态下进行酵解，经过一系列化学反应，最终在体内产生乳酸，同时释放能量供肌肉收缩。它能够比ATP-CP系统产生更多的能量，但是需要花更多的时间，并且会产生乳酸。

③有氧氧化供能（慢跑运动的供能方式）：属于有氧代谢，也就是有氧运动的主要供能系统，需要利用氧气来产生ATP，可以持续数个小时。有氧供能需要在氧气供应充分的条件下，体内的糖和脂肪被氧化成二氧化碳和水，并放出大量能量，该能量供ADT再合成ATP。1分子葡萄糖可产生38个ATP，且脂肪仅能在有氧运动时参与能量代谢。与其他能量系统相比，有氧供能系统的优势在于能够产生大量的ATP，但是需要更多的时间，因为长时间能量系统需要利用氧气来产生ATP。这个供能系统就是我们进行马拉松最主要的能量来源。

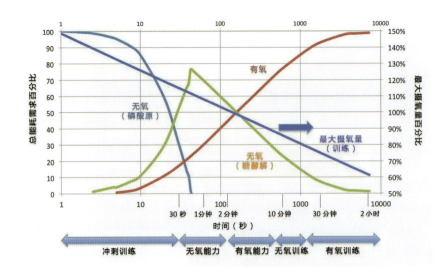

第四章
跑步技术动作解析（实践篇）

任何运动的能量供应，都是由三个供能系统共同参与的，只是供能比例不一样。不过，运动后的乳酸清除、ATP-CP的恢复，必须依靠有氧系统才能完成。人体不同供能系统的供能能力决定了运动能力的强弱，同时决定了我们人体会采用不同的呼吸方式。

人体的呼吸模式可以分为腹式呼吸和胸式呼吸。腹式呼吸以膈肌运动为主，吸气时胸廓的上、下径增大。胸式呼吸以肋骨和胸骨活动为主，吸气时胸廓前后、左右径增大。

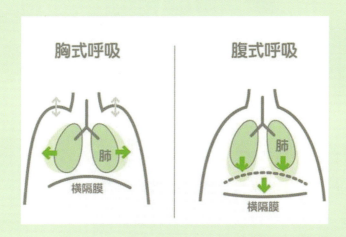

跑马拉松消耗能量非常多，这时候需要我们有强大的功能系统和强大的呼吸系统，当我们呼吸的功能不够强大的时候，就无法满足我们长时间跑步需要的氧气，就会导致跑步时乏力。因此，跑马拉松的时候以腹式呼吸为主，确保氧气的供应。跑步以腹式呼吸为主，还有一个好处就是增加腹压，保持核心的稳定。

当我们无法正常进行腹式呼吸时，就会用到胸式呼吸，我们的胸廓就会为了帮助我们完成呼吸而上提，这个时候有的跑友会耸肩，使肩部、颈部的肌肉用力，长时间下来就会导致颈部的僵硬。

但是我们并不能说胸式呼吸一定不好，在必要的情况下，比如最后的冲刺阶段，我们是可以使用这个呼吸模式来完成最后的行程。另外，我们的呼吸模式并不是独立存在的，是相互补充的，每个呼吸模式都会有其应有的特点。

很多跑友都存在呼吸功能不够完善，胸骨和肋骨无法在呼吸的过程中很好地完成开合。这个时候就会极大地影响我们的运动和供能效率。面对这种情况，我们可以尝试配合呼吸进行肋骨的松动，帮助我们改善呼吸情况。

第四章
跑步技术动作解析（实践篇）

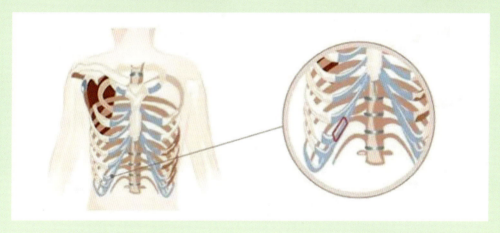

正常的肋弓形成的夹角大概为90°，当我们肋弓角小于这个数值的时候，我们要通过呼吸的配合将其向外拉。

149

而大于这个数值的时候我们应该配合呼吸将其向里压。

这个时候我们就可以通过调节肋弓角的状态，间接地调整呼吸过程中膈肌的工作状态，让膈肌的呼吸功能在运动过程中发挥到最大限度！

第五章

如何备战马拉松

马拉松的距离是42.195公里，准备一场马拉松需要多长时间？如果你是从零开始的初跑者，在参加比赛前建议要进行一年以上的常规训练。在这一年中，你可以逐渐增加跑距以及每周训练量和公里数。在这一时期的最后阶段，你第一个主要目标是完成半程马拉松，当完成这一目标后，可以开始制订全程马拉松的计划。

马拉松是一项高强度的运动，不是所有人都能跑马拉松。如果由于身体的问题，医生不建议跑马拉松，或者有其他伤病，可以先暂停，或者把目标转到其他运动项目上。对于想要参加马拉松的人来说，发展体能是不可缺少的。体能训练准备的时间越长，跑马拉松越轻松越自信。对于首次参加马拉松的跑者，体能非常好，也有天赋，准备时间至少也要3个月，否则跑马拉松的风险太高。

第一节
如何备战一场半马

在训练开始时，穿着宽松舒适的运动服和稍微偏大一些的运动鞋，因为跑步时脚会变大一点。训练包括热身、实施和拉伸三个阶段。一般来说，在运动前做10~15分钟的热身活动，在运动后做10~20分钟的充分拉伸放松活动。

下面这个表格，可以帮助运动员根据自己的水平和目标制订自己的半程马拉松训练计划。完成一个马拉松训练的理想时间是12周，其中最后两周逐渐减

第五章 如何备战马拉松

量。在训练的中期，运动员至少应该有针对性地跑一次比赛（比如10公里），可以帮助运动员为目标赛做好准备，还可以保证在参赛时不过于疲惫。

这里的初学者是指零基础的跑者，运动员水平指完成一场马拉松的时间在3~4.5小时之间，高水平运动员完成一场马拉松需要的时间小于3小时。

在训练的过程中，应该设定提高训练质量的训练量目标。比如，对初跑者来说，开始可以进行总量为10~12分钟的快速跑（5分钟×2组或4分钟×3组），并慢慢增加到20分钟（7分钟×3组或6分钟×4组）。除了长距离跑之外，半程马拉松训练的关键部分就是重复训练的成绩测验，以接近10公里比赛时的速度，保证间隔在4~10分钟完成。你可以通过改变训练时间间隔来变化快速跑训练。作为间隔跑的变化，可以决定一些上坡的、金字塔式的训练（如进行两次1分钟—2分钟—3分钟—2分钟—1分钟的训练）和任意变速跑的训练。

运动员水平	目标时间（小时）	每周训练次数	每周训练距离（公里）	训练形式
初学者	$1\frac{5}{6} \sim 2\frac{1}{3}$	4~5	25~41	任意变速跑（法特莱克训练法，参见第五章第一节）+节奏跑
正式运动员	$1\frac{1}{2} \sim 1\frac{5}{6}$	5~6	50~75	重复训练+节奏跑
高水平运动员	快于1小时3分钟	6~7	74~101	重复训练+节奏跑

下面列出每周的训练表，12周训练安排与下表相似，可以在强度和形式方面有所调整。

（核心肌肉稳定、力量和爆发力练习具体可参考《国家队教练——教你如何跑得更快》第五章第三节，上肢和下肢肌肉力量练习具体可参考第五章第四节，协调能力和柔韧性训练分别可参考第五章第五节和第六节，也可结合第六章体能训练表和自身情况作出调整。）

周次	初学者	一般运动员	优秀运动员
周一	30分钟轻松跑 核心肌肉稳定练习	35分钟轻松跑 核心肌肉稳定练习 核心肌肉力量练习	35分钟轻松跑 核心肌肉稳定练习 核心肌肉力量练习
周二	35分钟轻松跑；1分钟×5+30秒快速跑×5下肢肌肉力量练习 每个动作20次×3~5组 组间间歇15~30s	3分钟×6+2分钟的恢复 下肢肌肉力量练习 每个动作20次×3~5组 组间间歇15~30s	1000米×6，2分钟休息 下肢肌肉力量练习 每个动作20次×3~5组 组间间歇15~30s
周三	协调能力练习 上肢肌肉力量练习	10分钟+5分钟+5分钟快速跑，3分钟恢复 协调能力练习 上肢肌肉力量练习	45分钟轻松跑 协调能力练习 上肢肌肉力量练习
周四	5分钟×3+2分钟的恢复	30分钟轻松跑	10~12公里，任意变速跑
周五	针对薄弱的下肢肌肉力量练习 核心肌肉力量练习 核心肌肉爆发力练习	针对薄弱的下肢肌肉力量练习 核心肌肉力量练习 核心肌肉爆发力练习	针对薄弱的下肢肌肉力量练习 核心肌肉力量练习 核心肌肉爆发力练习
周六	35分钟轻松跑 协调能力练习 上肢肌肉力量练习	30分钟轻松跑 协调能力练习 上肢肌肉力量练习	3公里×3,3分钟恢复 协调能力练习 上肢肌肉力量练习
周日	12公里长距离跑 柔韧性练习	17公里长距离跑 柔韧性练习	21公里长距离跑 柔韧性练习
总量	37~40公里	56~70公里	75~88公里

注：此训练计划仅供大家参考，在训练过程中，如果出现疼痛或者身体产生不适，应结合自身情况降低训练难度或者停止训练。训练前热身活动和训练结束的拉伸放松必须高度重视。

半程马拉松练习最后两个星期，逐渐降低运动强度和跑量，快速跑训练应有意识地根据已计划的比赛速度来设计。

在比赛中，尽量保持匀速是实现自己最佳表现的最佳策略，训练有素的跑者一般以达到乳酸阈时的配速慢5~15秒的速度进行比赛。如果在比赛开始时跑得过快，很可能在比赛的后半程为自己的过分热情买单。可以根据自己训练和热身赛的经验在半马中保持合理配速。如果在后半程中觉得速度过于保守，并且体力充足，那么可以稍微提一点速。

在半马比赛后，需要10天到14天的时间才能完全恢复。在恢复时间中，采用小强度训练，让肌肉从高强度的比赛中恢复和放松，并在每次训练后做至少30分钟的全身肌肉的充分拉伸，尤其是腿部。如果在比赛完后还要为下一次比赛准备，那么在这段间歇期，最关键的是保持你的有氧基础。下面为大家提供了几种在赛季保持跑量的技巧。

①在最大摄氧量训练、乳酸阈训练、速度训练和比赛前后增加热身和放松的时间。

②适当增加耐力跑和一般有氧跑的距离。

③在最大摄氧量训练或速度训练的日子里增加一次放松恢复跑。

在设计训练计划的最后一个注意事项就是保持你的热情。太过频繁的比赛最终会导致跑者对比赛失去兴趣,所以可以合理地选择自己比较喜欢的赛事,一直充满热情地跑下去。

第二节
如何备战一场全马

参加马拉松运动,要结合自己的实际情况进行备战,下表根据训练目标制定了跑步训练需要的时间和周运动量。

表格中列出来的时间对男性和女性要求是不同的,女性一般比男性训练时间长一些,可以根据自己的情况略微调整。

以下跑步训练计划最好有一定的体能基础,训练起来会更轻松,更容易达成。

全面审视马拉松训练,有一个非常好的方法是把12周训练分成四个阶段,每三周为一个阶段,并逐步提高训练量和强度,在一个阶段到下一个阶段进行时,第三阶段的训练强度是最大的。训练的四个阶段可依次为"开始训练""大强度训练""最大强度训练"和"调整和比赛"。第四阶段是逐渐减少训练负荷和为比赛做好最好准备的时候。

初次马拉松运动员训练准备

完成马拉松的目标	训练前的准备	周运动量	前期比赛经历
完成距离	最少3个月	每周25公里	5~10公里
小于4.5小时	3~6个月	每周41公里	半程马拉松
少于4小时	6~12个月	每周41~50公里	在2小时内完成半程马拉松
少于3.5小时	12个月	每周58公里	10公里在44分钟以内，半程马拉松在1小时40分钟以内

下表提供了一个在马拉松过程中负荷逐渐提高的安排，可供借鉴。

训练单元	水平	第一阶段	第二阶段	第三阶段	第四阶段
周长跑距离（公里）	马拉松新手	16~21	22~27	28~32	<25
	高水平（<3小时）	21~26	27~32	33~40	<30
周总量（公里）	马拉松新手	33~50	50~66	66~83	<66
	高水平（<3小时）	83~100	100~116	116~133	<100

在训练的每一个阶段都应该是小幅度的增加。对于那些每周训练量达到66公里及以上的训练者,接下来的周训练总量提高不能超过上一周总量的20%;对于那些周训练总量在66公里以下的跑者,接下来的周训练总量的提高不能超过上一周的10%。全面计划你的训练结构的优点在于你能学着保持热情和艰苦训练的决心,至最需要的时候再利用。

赛前微调时(第四阶段)的训练负荷可以参考下表。

赛前周数	训练负荷(最大强度的比重)	负荷量	负荷单元数量	关键负荷单元手段
1	80%	长距离(至少33公里)+饮水	2	30分钟×2
2	60%	1.5小时	2	10分钟×3
3	40%	1小时	1	1.7公里×2

下面列出一个每周训练计划表,在训练的间隔期有休息的时间(星期三和星期六为休息日),大家可以根据自身情况适量调整。

第五章 如何备战马拉松

（核心肌肉稳定、力量和爆发力练习具体可参考《国家队教练——教你如何跑得更快》第五章第三节，上肢和下肢肌肉力量练习具体可参考第五章第四节，协调能力和柔韧性训练分别可参考第五章第五节和第六节，也可结合第六章体能训练表和自身情况作出调整。）

周次	星期一	星期二	星期四	星期五	星期日	总数（公里）
1	核心肌肉稳定 核心力量练习 下肢肌力练习	2分钟×5，2分钟休息+1分钟×5，1分钟休息	核心力量练习 核心爆发力练习 上肢肌肉力量练习	10公里匀速跑 柔韧性练习	1小时15分钟 柔韧练习	37
2	35分钟轻松跑 核心力量练习	1公里×4，3分钟休息 协调练习	35分钟轻松跑 协调性练习 下肢肌肉力量练习	13公里迅速跑 柔韧性练习	1小时30分钟 柔韧练习	40

（续表）

周次	星期一	星期二	星期四	星期五	星期日	总数（公里）
3	25分钟轻松跑 针对薄弱肌肉进行力量练习	200米上坡跑×10 下肢肌肉力量练习 柔韧性练习	25分钟轻松跑 核心爆发力练习 协调能力练习	15分钟+10分钟+5分钟，4分钟休息 上肢肌肉力量练习 核心力量练习	2小时 柔韧练习	45
4	休息 柔韧性练习	超10公里计时跑 柔韧性练习	核心稳定练习 上肢肌力练习	15公里匀速跑 柔韧性练习	2小时 柔韧性练习	51
5	休息	200米上坡跑×10 协调能力练习	下肢肌力练习 核心练习	13公里匀速跑	16公里比赛 柔韧性练习	46
6	柔韧性练习 核心练习	13公里匀速跑	上肢肌力练习 协调性练习	1公里×6，间隔3分钟休息	2小时30分钟	31
7	休息 协调性练习	2分钟×8，2分钟休息	薄弱肌群针对性练习	18公里匀速跑	2小时45分钟	35
8	休息 柔韧性练习	15分钟 +15分钟+10分钟，4分钟休息	肌肉爆发性练习 薄弱肌群针对性练习	8公里匀速跑	半程马拉松比赛	31
9	休息 柔韧性练习	13公里匀速跑	薄弱肌群针对性练习	1公里×6，3分钟休息 协调性练习	3小时	35
10	柔韧性练习	10公里匀速跑	核心练习 下肢肌力练习	超10公里匀速跑	1小时45分钟	27
11	休息	15分钟 +15分钟+5分钟，3分钟休息 柔韧性练习	核心练习 上肢肌力练习	2分钟×6，2分钟休息 下肢肌力练习	1小时	21
12	针对薄弱肌肉力量练习	1.6公里×2，3分钟休息	柔韧性练习	5公里轻松跑	马拉松比赛	8+比赛

注：此训练计划仅供大家参考，在训练过程中如果出现疼痛或者身体产生不适，应结合自身情况降低训练难度或者停止训练。训练前热身活动和训练结束的拉伸放松大家必须高度重视。

第五章
如何备战马拉松

在比赛前的最后几天，你的训练应该非常简单，应使机体充分恢复、放松。有些人采用重复少次的短距离慢速跑，而有些人则完全调整恢复，就像在训练中减少训练负荷一样，应该尽量减少身心方面的能量消耗，尤其是要节省心理能量的支出。因为你的目标是要在超长耐力的马拉松比赛中保持精力充沛的状态。

下面是一些比赛战术的策略。

1）开始阶段要慢

经常有经验充足的运动员错误地认为，在开始阶段精力充沛的情况下，应该抢先在队伍前面领跑，并且在随后的比赛中尽可能保持速度而不减少太多。但这种战术往往会导致在比赛的后半程速度大幅度地减慢。在全程比赛中，保持匀速或采用后半程加速的战术，可以在开始采取跟跑的战术，只要不是落得太远，后面还有充足的时间可以赶上。

2）把全程比赛看成若干阶段的相加

你可以把全程分成若干部分，如每段5公里，或10公里，集中精力完成每段行程。在每段行程后，可以根据时间来判断是否达到预定的目标，以调整后面的速度或目标。

3）即将疲劳时要一直加速

如果在10公里时感觉很好，那么要抑制加速。当你跑完半程甚至更远后仍要保持速度。在30公里处即将出现疲劳的时候，可以根据身体情况选择加速。

4）25公里开始集中注意力

如果赛前准备良好，在马拉松的前15~20公里，你完全有能力轻松完成它。但是越往后，就越难做到像前面一样集中注意力了，到这种关键点和疲劳点时更要全身心投入进去。

5）跑在队伍中

跑在队伍中使你更能集中精力注意节奏，而不会考虑跑的速度是否很快。

到结束比赛时，你的免疫力会有所下降，因为身体缺少能量和失水，而且肌肉疼痛需要恢复。所以，在马拉松比赛结束后，你应该做的事情如下。

1）注意保暖

跑步结束后身体会快速散热，因此赛后尽量穿上一件运动服或汗衫。

2）补充能量

多吃点小吃和多喝点水补充能量储备，赛后距离营养补充的时间越久，就会变得越疲劳。即使赛后不想吃东西，你的身体也需要拼命地复原能量储备。

3）慢走一会

尽量慢走十分钟，慢走有利于机体继续新陈代谢，延缓肌肉酸痛和僵硬。

4）洗个热水澡

5）牵拉放松

根据跑步的特点，专门设计了三套方便在不同条件和体位下开展的、系统性的拉伸动作。其遵循先整体后局部的原则：一是可以牵拉身体的多条筋膜链，调整身体的平衡，节省身体能量；二是加快身体恢复，消除乳酸堆积；三是预防运动损伤。每次运动后一定要坚持拉伸放松。

一、瑜伽垫上牵拉放松

运动后，可以在瑜伽垫上做一些牵拉放松的动作，利用自身的重力结合动作本身达到充分拉伸肌肉的效果。拉伸时，动作要轻柔，直到肌肉有刺激感，要在疼痛范围内增加幅度，每个动作可以保持15~30秒，重复1~2次。

1 躯干的拉伸

训练：右腿屈曲90°，放在身体左侧，眼睛看右手方向，保持自然呼吸，感受右侧腰背部肌肉的牵拉，换对侧。

② 下肢的拉伸

1）臀部的拉伸

训练：右脚踝放在左膝上方，双手抱左膝，尽量靠近胸部，保持自然呼吸，感受右侧臀部肌肉的牵拉，换对侧。

2）牵拉内收肌群

训练：两脚掌相对，腰背竖直，身体前倾，双肘用力按压双膝，保持自然呼吸，感受大腿内侧肌群的牵拉。

3）牵拉腘绳肌

训练：右脚放在左大腿内侧根部，腰背竖直，勾脚，身体前倾，双手尽量往前伸，膝关节伸直，保持自然呼吸，感受左大腿后侧肌群的牵拉，换对侧。

（a）

（b）

4）牵拉梨状肌

训练：右腿屈曲，左腿向后伸直，腰背竖直，身体前倾，保持自然呼吸，感受右侧臀部的牵拉，换对侧。

（a）

（b）

5）牵拉股四头肌

训练： 双膝跪地，身体后仰，双手撑地，挺髋，保持自然呼吸，感受牵拉大腿前侧肌群。

（a）

（b）

6）牵拉髂腰肌

训练：左腿弓步站立，右膝着地，身体竖直，挺髋，保持自然呼吸，感受右侧髂腰肌的牵拉，换对侧。

7）牵拉小腿三头肌

训练：右膝微屈，左腿伸直，勾脚，身体竖直，双手尽量触动，保持自然呼吸，感受牵拉左小腿后侧肌群，换对侧。

第五章 如何备战马拉松

3 上肢的拉伸

1）牵拉三角肌后束

训练：左肘在外，紧扣右肘，用力向左拉伸，保持自然呼吸，感受牵拉右三角肌中后束，换对侧。

（a）

（b）

2）牵拉颈肩部

训练：吸气，双手交叉，上撑，两臂夹耳，力在掌根，保持自然呼吸，肩部放松，感受脊柱向上拔伸；呼气，沉肩，垂肘，松腕，放松。再来一次，吸气，双手交叉上撑，两臂尽量夹耳，保持自然呼吸，肩部放松，感受脊柱向上拔伸；呼气，沉肩，垂肘，松腕，放松。

拉伸时，可以按躯干、下肢和上肢的顺序进行。本套动作建议每次运动后牵拉，每次牵拉15~30秒，重复1~2遍，然后根据自己身体情况，拉伸身体个别部位。

二、站立位拉伸放松

如果身边没有瑜伽垫，可以找一个栏杆或支架甚至是一堵墙辅助你做以下动作。要注意，身体呈站立位，全身放松，自然呼吸。拉伸时，动作要轻柔，直到肌肉有刺激感，要在疼痛范围内增加幅度，每个动作可以保持15~30秒，重复1~2次。

特别提醒：系统性拉伸强调整体性和对称性，在拉伸过程中一定要按照顺序拉伸，且保持身体在中立位，确保身体的对称。

1 躯干的拉伸

训练：右手抓住栏杆左侧，屈髋屈膝，重心偏向右后侧，靠身体重力拉伸肌肉。保持自然呼吸，感受右侧腰背部肌肉的牵拉，换对侧。

2 下肢的拉伸

1）牵拉髂胫束

训练：左脚放在右脚右侧，重心放在右脚上，右手上举，掌心向上，身体向左侧弯，髋部向右挺。保持自然呼吸，感受右侧髂胫束的牵拉，换对侧。

2）牵拉内收肌群

训练：双手抓住栏杆，双脚站立，两倍肩宽，脚尖向外，缓慢下蹲，保持自然呼吸，感受大腿内侧肌群的牵拉。

3）牵拉臀部肌肉

训练：双手抓住栏杆，左脚支撑屈髋屈膝下蹲，右脚踝置于左膝上，重心向后，保持自然呼吸，感受右侧臀部肌群的牵拉，换对侧。

4）牵拉髂腰肌

训练：左腿弓步站立，右膝着地，身体竖直，挺髋，保持自然呼吸，感受右侧髂腰肌的牵拉，换对侧。

5）牵拉股四头肌

训练：双手抓住栏杆，右脚支撑，左脚背置于栏杆上，挺髋，保持自然呼吸，感受大腿前侧肌群的牵拉，换对侧。

6）牵拉腘绳肌

训练：右脚支撑，左脚置于栏杆上，腰背竖直，勾脚，身体前倾，双手尽量往前伸，保持自然呼吸，感受右大腿后侧肌群的牵拉，换对侧。

7）牵拉小腿三头肌

训练：左脚支撑，右脚立于墙面或者柱子上，右腿伸直，挺髋，保持自然呼吸，感受右小腿后侧肌腹部位的牵拉，保持15秒，然后右膝屈曲，感受右小腿后侧肌腱部位的牵拉，保持15秒，换对侧。

8）牵拉胫骨前肌

训练：双手抓住栏杆，左脚支撑，右脚背外侧着地，保持自然呼吸，感受小腿前侧、脚踝的拉伸，换对侧。

3 上肢的拉伸

1）牵拉三角肌后束

训练：双脚站立，与肩同宽，左肘在外，紧扣右肘，用力向左拉伸，保持自然呼吸，感受牵拉右三角肌后束，换对侧。

（a）

2）牵拉颈肩部

训练：随吸气，双手交叉，上撑，两臂夹耳，力在掌根，保持自然呼吸，肩部放松，感受脊柱向上拔伸；随呼气，沉肩，垂肘，松腕，放松。再来一次，吸气，双手交叉上撑，两臂尽量夹耳，保持自然呼吸，肩部放松，感受脊柱向上拔伸；呼气，沉肩，垂肘，松腕，放松。

（b）

本套动作建议每次运动后牵拉,每个动作牵拉15~30秒,重复1~2遍,然后根据自己身体情况,拉伸身体个别部位。

三、站立位无支撑拉伸

当身边没有栏杆和瑜伽垫时,可在水平地面上做以下动作拉伸全身肌肉,每个动作静态拉伸15~30秒,重复1~2遍,以充分感到牵拉并适应该刺激为准。

1 下肢的拉伸

1)拉伸髂腰肌

训练:身体竖直,保持稳定性,髋关节前顶;左右交换动作,各做2次。

2）拉伸股四头肌

训练：身体中正，腰背挺直，用手提起一侧小腿，大腿可稍向后，牵拉15~30秒。

3）拉伸臀部肌肉

训练：单腿支撑，核心收紧，骨盆保持中立位；呈站立位"4"字腿下压；左右交换动作。

4）拉伸腘绳肌

训练：膝关节伸直，双手抓住脚尖，尽力勾脚；左右交换动作，15秒/次，2~3次。

5）拉伸髂胫束

训练：重心在后脚上，身体尽力向对侧倾，直到感到向后迈出的大腿外侧有牵拉感；左右交换动作。

6）拉伸胫骨前肌

训练：外脚面触地，重心前移，感到小腿前外侧有牵拉感，左右交换动作，重复2次。

7）拉伸小腿三头肌

训练：身体竖直，脚踏在一墙上，身体重心慢慢往前移，直到感到小腿后部有牵拉感；左右交换动作，重复2次。

② 上肢的拉伸（双臂上举）

训练：肩部放松，力在掌根；向上拔伸，伸展脊柱。

本套动作建议每次运动后牵拉，每个动作牵拉15~30秒，重复1~2遍，然后根据自己身体情况，拉伸身体个别部位。

希望参照我们列出的计划表能帮跑友达到预设目标，不断挑战和更新自己的跑步能力！

第三节
跑步装备知多少

俗话说英雄配宝马，好马配好鞍。

跑步虽然是一项简单的运动，人人都可以跑。不过，如果想要跑马拉松，或者更健康更长久地跑下去，还需要配置合适的装备。合适的装备不仅能够最大限度保护身体，还可以让跑步更有乐趣。

下面我们对跑步的装备给出几个建议。

第五章 如何备战马拉松

1 跑鞋

跑步一定要准备一双合适的跑鞋，这是跑步最基本的装备。不同的运动项目，所穿的鞋肯定不一样，这是根据运动项目的特点进行设计的。一双合适的跑鞋，不仅能够保护身体，降低损伤风险，而且可以提升跑步成绩。

目前市场上有非常多的跑鞋品牌，而且各有特色。在这里我们不介绍品牌，只是从跑鞋的功能分类上做简单介绍。跑鞋大致可以分为六类：稳定型跑鞋（适合从初学者到老手的所有人）、越野跑鞋（透气、运动控制、减震）、减震型跑鞋（适合高效率的跑步老手）、运动控制型跑鞋（适合脚踝过度内翻的人）、赤足跑鞋（适合中前脚掌跑法的跑者）和钉鞋（田径短跑）。

在选择跑鞋时，首先测试自己的脚型，根据我们脚部的结构选择最佳跑鞋。可以通过湿脚印测试自己的脚型，或者观察自己经常穿的鞋的鞋底左右的高低，来判断自己的脚型是内翻还是外翻。如果湿脚印足弓较窄或者鞋底外侧压的程度大，判断为高足弓，说明你在用脚的外缘着地，减震较小甚至没有减震，可以选择灵活性和减震性较强的鞋，比如减震型跑鞋。如果湿脚印足弓较宽或者鞋底内侧压的程度大，判断为低足弓，意味着脚内旋严重，你的大脚趾可能非常用力而更容易受伤，可以选择稳定型跑鞋。如果是正常足弓，落地的时候脚后跟和脚部轻轻地向内，买中性鞋或者支撑型跑鞋就可以预防旋转发生。

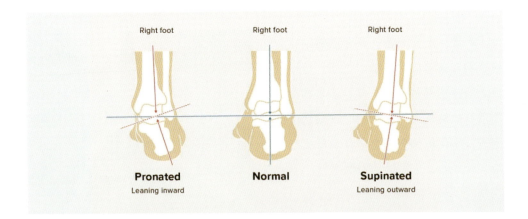

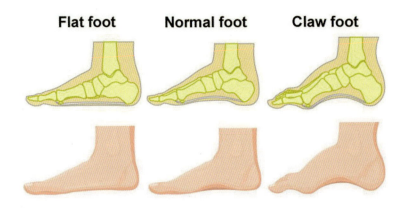

在具体选鞋时，还可以根据跑步的路面、跑步姿态和跑步距离选择合适的跑鞋。路跑意味着更多的冲击，所以需要更多的缓冲，可以选择稳定型或减震型鞋型；在沙子路面上跑不怎么需要缓冲，可以选择稳定型鞋型；凹凸不平的地面需要更多的稳定性和运动控制来提高抓地力和减少缓冲，可以选择越野跑鞋。

另外，参加马拉松比赛一定不要穿新鞋。很多跑友第一次参加马拉松，特此准备一双新的跑鞋，感觉特别有仪式感，殊不知，反而造成自己脚部磨出泡的问题。切记，跑马拉松一定不要穿新鞋，而是穿平时跑步比较舒服的跑鞋。

2 鞋垫

鞋垫是跑友非常容易忽略的。很多时候我们宁愿花上千元买一双鞋，都不会花几百元去配一双鞋垫。

鞋垫真的如此重要吗？那我们看下职业运动员。NBA篮球运动员基本都会定制适合自己的鞋垫。我们经常看到他们更换篮球鞋，但是90%以上的球员不会经常更换自己的鞋垫。如定制鞋垫，需要根据足底压力测试和步态分析进行；如果身体问题不多或者要求不高，也可以配置半定制化的鞋垫。

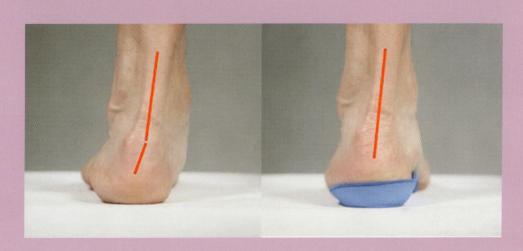

定制化的鞋垫，尺寸合适、贴合脚型、减震缓冲、受力合理，可以降低损伤风险，延长运动寿命。

3 袜子

可以根据跑步的距离和鞋子品牌选择不同长度、厚度的袜子，可信赖、质地好的袜子可以防滑、吸汗和预防水泡。你可尝试不同类型的袜子，找出最适合自己的，并一直坚持用。

对于经常长距离跑步的人来说，偏厚一点的袜子虽然会使脚出很多汗，但是会比较舒服，而且耐洗。

第五章 如何备战马拉松

4 短裤和紧身裤

短裤的长短可以由个人喜好决定，但是材质一定要轻薄、排汗、透汗。尼龙和纯棉材质是不适合跑步的，因为面料会摩擦皮肤，吸汗后还会变得很重、容易甩动，而且下坠得很厉害。

紧身裤一般有两个功能：保暖和压缩，可以在一定程度上延缓肌肉酸痛甚至减轻深静脉血栓，使得跑步时肌肉发挥得更好。选择最适合自己的那款就可以。

5 上半身穿着

背心、衬衫和T恤一定要排汗性好。女性一定要穿着运动内衣跑步！夹克和无袖衫可以根据天气冷暖选择。

6 水袋背包

如果要进行长距离的户外跑步，需要在中途补水，可以背个水袋背包放置水杯、手机或钱包。

7 其他装备

跑马拉松除了以上装备,其实还有很多,比如凡士林,避免大腿内侧和腋下摩擦;能量补给,给自己补充充分的能量,避免撞墙;户外眼镜、防晒霜等,可以根据自己的情况适量配置。

第四节
跑步如何补充营养

1 碳水化合物

对跑者来说,如果要在一定时间内完成跑步任务,碳水化合物是不可替代的!碳水化合物可以作为糖原储存在肌肉内,而跑步和锻炼实际上总体来说消耗的就是糖原。当肌肉中的糖原消耗没了,我们就会感到劳累,运动表现也会大打折扣。所以早上起来第一件事就是通过吃早饭补充糖原的储备,白天在训练前、中后(最好是一个小时以内)也需要补充糖原。

2 蛋白质

人体所有肌肉都是由蛋白质构成的，蛋白质补品对于跑者来说是处于特殊地位的营养品，马拉松运动员需要在长距离跑步后（或跑步中某个阶段）立即补充蛋白质，健身训练后或肌肉修复也可以补充蛋白质。当然，如果平时健康饮食正常的人，不需要补充蛋白质，这完全取决于你是奥运会选手、认真训练的跑者还是跑着玩的普通人。

3 脂肪

关键是尽量不要吃油炸或处理过的食物，比如汉堡、薯条。鱼肉、坚果和种子里的脂肪要好很多，可以从日常饮食中摄取。

4 水果蔬菜

每天吃5种水果或蔬菜可以帮助你提升跑步的表现，减少生病和受伤的可能，提高恢复能力，有利于身体长期健康。

5 奶制品

奶制品对于参加高强度的跑步的人来说仍然是有好处的，可以通过钙质来修复和改善骨骼，预防骨骼问题，特别是应力性骨折。钙在现在很多食品中都有，比如鱼、鸡蛋和豆制品等，所以可以根据自身情况选择。

6 糖

糖分不见得所有时候都需要，但是在跑前和跑中都是有帮助的。因为运动时，能量都耗尽了，一定还需要摄取大量的糖分。其他时候，糖分是无用的热量，也可以通过水果提供能量。

7 补水

不要在跑步前喝水,要在跑步后喝。对于10~40分钟跑步来说,脱水并不严重,可在结束后补水,如果超过1小时,你可以在中途补水。

补水的时候,水、稀释果汁和运动饮料哪个合适?一般来说,如果跑步时间小于1小时,白水是最好的选择;如果超过1小时,或者你前一次跑步时感觉自己身体有点缺少能量,那么喝一些含糖和麦芽糖糊精的饮料是明智之选。

饮用能量饮料需要谨慎一点,永远都要有白水在手,以防止摄入能量饮料后出现的脱水,甚至更糟糕的身体反应。在比赛前测试能量饮料永远都是不二法门,看看身体能不能适应,否则的话,任何身体的反应都有可能造成可怕的后果。

总之,根据自己的体能水平和跑步经历,穿着舒适的运动装备,补充好能量,调整好自己的心态,才能达到跑马拉松的目标!